PAUL SÉBILLOT

CONTES
DE
TERRE ET DE MER

— LÉGENDES DE LA HAUTE-BRETAGNE —

ILLUSTRÉS

PAR LÉONCE PETIT, SAHIB ET BELLENGER

PARIS
G. CHARPENTIER, ÉDITEUR
13, RUE DE GRENELLE-SAINT-GERMAIN, 13

1883
Tous droits réservés.

CONTES

DE

TERRE ET DE MER

PAUL SEBILLOT

CONTES

DE

TERRE ET DE MER

— LÉGENDES DE LA HAUTE-BRETAGNE —

ILLUSTRÉS

PAR LÉONCE PETIT, SAHIB ET BELLENGER

PARIS

G. CHARPENTIER, ÉDITEUR

13, RUE DE GRENELLE-SAINT-GERMAIN, 13

1883

Tous droits réservés.

Il vit un homme qui conduisait deux Baudets chargés de sacs de charbon. (Page 14.)

L'OISEAU BLEU

Au temps des contes d'autrefois, vivait une fermière qui était veuve et avait trois enfants, deux garçons et une fille.

Tous les mercredis elle se mettait en route pour aller porter au marché le beurre de ses vaches, et elle prenait le chemin de la ville qui traversait une forêt. Un jour elle vit un joli petit oiseau bleu, qui voletait de branche en branche autour d'elle et se laissait aussi facilement approcher que s'il avait été apprivoisé : toutes les fois qu'elle passait, il se présentait à elle et elle finit par en parler à ses enfants.

— J'ai encore vu aujourd'hui le petit oiseau bleu : il est si mignon que le bouvreuil et le chardonneret sembleraient laids auprès de lui.

— Tu aurais dû le prendre et nous l'apporter, s'écrièrent les enfants : nous serions bien contents de l'avoir, et nous aurions grand soin de lui.

— Si je le vois encore, je tâcherai de l'attraper, puisque vous en avez si grande envie.

Quand elle retourna au marché, elle revit l'oiseau bleu, et en repassant par la forêt après avoir vendu son beurre, elle l'aperçut de nouveau. Elle s'approcha de lui, et il se laissa prendre sans même essayer de s'enfuir.

Lorsque les enfants virent le petit oiseau, ils sautèrent de joie, et

c'était à qui le caresserait; ils le mirent dans une jolie cage, et chacun se faisait un plaisir de le soigner.

Tous les matins ils trouvaient dans la cage un œuf jaune, qui était si brillant qu'on avait peine à le regarder quand le soleil frappait dessus. La veuve ramassa les œufs, et quand elle en eut une douzaine, elle les porta à un marchand d'œufs en lui proposant de les acheter.

— Ce ne sont point des œufs ordinaires, ma bonne femme,

répondit le marchand ; c'est de l'or, et je ne suis pas assez riche pour vous payer ce que vous apportez.

*
* *

Quelque temps après, le fils du roi, qui chassait dans la forêt, entra à la ferme pour demander à boire, car il avait très soif. Il aperçut l'oiseau bleu, et comme il approchait de la cage pour le mieux regarder, il vit que sur ses plumes étaient écrits ces mots en lettres d'or : « Celui qui mangera ma tête sera roi, celui qui mangera mon cœur trouvera tous les matins un monceau d'or sous sa tête. »

— Vendez-moi votre oiseau, bonne femme, dit-il; je vous le paierai bien.

— Ah! ma mère, s'écrièrent les enfants, gardez-vous de donner l'oiseau; nous serions bien chagrins s'il n'était plus ici.

— Je vous compterai mille francs, dit le prince, si vous voulez me laisser l'emporter.

— Non, ni pour or ni pour argent, nous ne voulons nous défaire de ce gentil chanteur.

— Eh bien! dit le fils du roi, je me marierai à la fille de la maison, à la condition que le jour des noces on me serve pour mon dîner le petit oiseau bleu.

Les garçons ne voulaient pas consentir à tuer leur petit ami; mais leur sœur regarda le fils du roi qui était un beau garçon et ne lui déplaisait point, et elle supplia ses frères de la laisser devenir princesse : comme elle pleurait en disant cela, les deux garçons, qui l'aimaient comme la prunelle de leurs yeux, finirent par consentir à la mort de leur oiseau.

Le jour du mariage arriva : le pauvre oiselet fut tué, plumé et mis à cuire dans une petite casserole, car il devait être servi à part au fils du roi.

Les frères de la mariée, étonnés du désir du prince, eurent envie de goûter l'oiseau : pendant que tout le monde était occupé aux

apprêts de la noce, ils se glissèrent dans la cuisine, et après avoir mangé l'Oiseau bleu, ils mirent dans la casserole une mésange qui était à peu près de la même grosseur que lui.

Au dîner qui suivit le mariage, le fils du roi se fit servir la tête et le cœur de la mésange; mais le jour même de la noce, les enfants de la veuve, qui craignaient que leur tromperie ne fût découverte et punie, s'enfuirent et allèrent se cacher dans la forêt. La nuit les y surprit et ils s'endormirent au pied d'un arbre.

En s'éveillant le lendemain matin, l'aîné des garçons fut bien étonné de trouver sous sa tête, parmi les feuilles sur lesquelles il

avait dormi, un tas de petites pièces jaunes; il les ramassa toutefois dans sa poche, croyant que c'étaient des sous ou des liards.

Son frère et lui sortirent de la forêt, et, après avoir marché toute la journée, ils arrivèrent à la nuit tombante à une auberge, où ils se firent servir à manger et où ils couchèrent. Le lendemain, quand il s'agit de payer leur dépense, ils mirent sur la table une poignée des petites pièces jaunes, car ils croyaient que c'était de la monnaie de cuivre.

— Tenez, dirent-ils à leur hôte, voilà des liards et des sous; s'il

n'y en a pas assez pour ce qui vous est dû, faites-nous crédit du reste pour l'amour de Dieu.

— Vous vous gaussez de moi, répondit l'aubergiste; la moitié d'une de ces pièces d'or a plus de valeur que tout ce que vous avez pu prendre ici.

Et il ramassa une des pièces, et leur rendit la monnaie en argent blanc et en sous. A partir de ce moment, ils eurent grand soin de recueillir l'or que l'aîné trouvait tous les matins sous sa tête.

Ils continuèrent à voyager ensemble, et, après avoir parcouru beaucoup de pays, ils entrèrent dans une ville où l'or n'était pas connu. A la vue du métal jaune et brillant que les deux étrangers offraient pour payer leurs dépenses, les habitants furent très surpris, et le bruit en arriva même jusqu'au roi qui voulut voir les deux frères. Sa fille plut beaucoup au plus jeune, et comme il était joli garçon, le prince consentit à la marier avec l'étranger qui possédait ce merveilleux métal.

Le mariage eut lieu, et comme cadeau de noces, l'aîné fit don à

son frère de tout l'or qu'il possédait, et même tant qu'il demeura à la cour, il lui remettait les pièces qu'il trouvait sous son oreiller.

Le mari de la princesse, qui était justement celui qui avait mangé la tête de l'oiseau bleu, devint roi après la mort de son beau-père, et son aîné, après avoir passé quelque temps à la cour, se remit à voyager à la recherche des aventures. Il traversa beaucoup de pays, et arriva dans une ville où l'or était aussi inconnu : il y rencontra la fille d'un seigneur qui était une personne de bonne mine; il en devint amoureux et l'épousa.

Le lendemain du mariage, la femme, en faisant le lit de son mari, trouva de l'or sous son oreiller, et elle en vit encore tous les jours suivants. Elle alla consulter un savant médecin qui s'occupait de magie, et lui montra les pièces brillantes qu'elle découvrait chaque matin sous l'oreiller de son mari. Le magicien lui répondit que son époux avait mangé le cœur de l'Oiseau bleu et que tous ceux qui le possédaient dans leur poitrine jouissaient d'un pareil don. La femme, qui était avare, lui promit une récompense s'il pouvait la mettre en possession du cœur de l'Oiseau bleu, et il lui donna un fil d'argent en lui disant que grâce à lui, elle pourrait pendant le sommeil de son mari, retirer à elle le cœur de l'Oiseau bleu.

Elle réussit à le faire, et, quand elle l'eut avalé, ce fut elle qui en s'éveillant avait sous son oreiller des pièces d'or. Tous les matins son mari avait beau regarder, il ne trouvait plus rien; mais il était loin de penser que sa femme lui avait volé le cœur magique.

Cependant, quand celle-ci eut de l'or à volonté, elle devint encore plus avare, et craignant que son mari ne vînt à découvrir son secret, elle résolut de se défaire de lui. Elle lui proposa un voyage sur mer, et s'embarqua sur un navire avec lui et sa servante. Le vaisseau s'arrêta auprès d'une île où ils abordèrent tous les deux; mais à un moment où son mari s'était un peu écarté du rivage, elle se hâta de remonter dans le canot qui les avait amenés, et de regagner le navire qui ne tarda pas à s'éloigner à toutes voiles.

Quand le mari revint sur le rivage, et qu'il se vit abandonné dans cet endroit inhabité, il fut bien surpris et bien chagrin. Il se mit à appeler et à crier, mais le vaisseau avait déjà disparu.

Quand l'appétit lui vint, il se mit à chercher de tous côtés s'il ne trouverait pas quelque chose à manger, et il arriva dans une vallée

où il vit une plante qui ressemblait à du céleri. Il en mangea, mais dès les premières bouchées il fut transformé en âne. Un peu plus loin, il aperçut d'autre céleri d'une plus belle espèce, et en ayant brouté quelques feuilles, il reprit la forme humaine.

Il parcourut toute l'île, et comme elle ne produisait que des herbes, et de maigres arbres qui ne donnaient point de fruits, il se dit que pour pâturer il lui serait plus commode d'être âne que de rester homme, parce que les ânes sont moins sensibles au froid et au chaud. Il retourna à la vallée où il avait trouvé le premier céleri : il en mangea, et aussitôt il redevint baudet; mais souvent il allait sur le bord de la mer, voir s'il n'apercevrait pas quelque navire.

Au bout de deux ans, il vit une barque qui passait près de

l'île; il se hâta de manger du céleri pour redevenir homme, et il fit des signaux aux gens de la barque. Ceux-ci abordèrent à l'île et le recueillirent dans leur navire ; mais avant de s'y embarquer, il avait eu soin de couper une botte de chacune des deux espèces de céleri.

*
* *

Il revint au pays où il s'était marié, et il résolut de se venger de sa femme et de sa servante qui avait aidé à l'abandonner dans l'île déserte. Il prit ses paquets de céleri et alla sous les fenêtres de sa femme crier : « Au beau céleri ! au beau céleri ! » comme s'il avait été marchand de légumes.

La servante, qui savait que sa maîtresse était très friande de cette sorte de salade, se hâta de descendre ; elle ne reconnut pas le mari de sa maîtresse, que son séjour dans les lieux déserts avait rendu méconnaissable, et celui-ci lui vendit une botte du céleri qui transformait les gens en âne. Il se glissa ensuite dans la maison où il se cacha pour attendre le succès de sa ruse.

Les deux femmes apprêtèrent le céleri pour leur dîner ; mais, aux premières bouchées qu'elles mangèrent, elles furent transformées en ânesses. Quand le mari entendit le bruit de leurs sabots sur le plancher, il se hâta de paraître devant elles : il leur dit qui il était et leur reprocha de l'avoir abandonné dans une île sauvage et inhabitée, puis il les chassa devant lui à grands coups de bâton, et les fit descendre à l'écurie où il ne leur donna à manger que du foin.

Le lendemain, il vit un homme qui conduisait deux baudets chargés de sacs de charbon : les pauvres bêtes pliaient sous le faix et semblaient fatiguées.

— Bonhomme, lui dit-il, tes deux bourriques ont l'air de n'en pouvoir plus : j'ai à l'écurie deux ânes qui depuis longtemps ne font rien et sont si en train qu'à chaque instant on les entend ruer et faire du bruit. Prends-les pour quelques jours et laisse-moi tes bêtes à la place.

— Je le veux bien, répondit le charbonnier.

Il fit sortir les ânesses de l'écurie, leur mit les sacs sur le dos, et les poussa devant lui sans épargner les coups de bâton. Toutes les fois qu'elles passaient devant leur ancienne demeure, elles s'arrêtaient et semblaient vouloir y entrer; mais le mari ne les trouvait

pas encore suffisamment punies, et il excitait leur conducteur à les faire marcher.

Pendant huit jours, elles firent ce métier pénible qui les fatigua et

les maigrit : alors leur maître leur permit de rentrer à l'écurie pour les reposer un peu ; mais souvent il les employait aux plus durs travaux.

Au bout d'un an, la femme changée en ânesse finit par faire comprendre à son mari que c'était elle qui avait dévoré le cœur de l'Oiseau bleu, et qu'elle était prête à le restituer si elle revenait à sa forme première.

Comme il trouvait que la punition avait duré assez longtemps, il résolut de la faire cesser, et il apporta dans l'écurie du céleri de l'espèce qui faisait reprendre la figure humaine. Mais aucune des ânesses ne voulut y toucher, dans la crainte qu'il ne lui arrivât encore quelque fâcheuse aventure. Alors il mangea devant elles du céleri des deux espèces, et tantôt il paraissait à leurs yeux sous la forme d'un âne, tantôt sous celle d'un homme.

Elles en mangèrent à leur tour et redevinrent femmes aussitôt.

Au moyen du fil d'argent, le mari rentra en possession du cœur de l'Oiseau bleu, et désormais ce fut lui qui tous les matins trouva de l'or sous son oreiller.

Depuis ce moment, ils vécurent tous deux en bonne intelligence, et eurent deux garçons beaux comme le jour qu'ils marièrent à des princesses.

Conté par Marie Huchet, d'Ercé, en 1878.

La Princesse, de colère, jeta ses clés d'or à la mer. (Page 27.)

LA BELLE AUX CLÉS D'OR

Il était une fois un roi qui avait trois fils ; quand ils furent devenus grands, il leur dit de choisir chacun un métier, celui qui lui plairait le mieux.

L'aîné dit :

— Je veux être chasseur ; tous les jours je partirai avec mes chiens dès le matin et je ne m'en reviendrai qu'à la brune du soir.

— Je serai soldat, dit le second.

— Et moi marin, ajouta le troisième.

Le lendemain, ils partirent tous les trois. L'aîné alla à la chasse, et quand il fut dans la forêt, il vit une bonne femme qui déracinait un petit arbre vert.

— Que fais-tu là, vieille sorcière ? laisse mon arbre et va-t'en bien vite.

— Ne me parle pas si durement, jeune homme, répondit la bonne femme.

— Va-t'en, ou je vais te battre, dit le fils du roi.

La vieille s'en alla en grommelant, et le prince continua à chasser ; il remplit sa gibecière de lapins et de lièvres, et son père était bien content de voir qu'il était adroit dans le métier qu'il avait choisi.

Le lendemain, le prince retrouva la vieille femme au même endroit :

— Sors de ma forêt, lui cria-t-il ; je t'avais défendu d'y revenir.

Elle s'en alla sans mot dire : il continua à chasser et remplit sa gibecière de lapins et de lièvres.

Le troisième jour, il vit la bonne femme au même endroit :

— Ah ! pour le coup, s'écria-t-il, je vais te battre.

Il se mit à la frapper si fort qu'il la jeta par terre. Elle se releva et disparut. Le jeune prince continua à chasser dans la forêt, et il vit au milieu d'une clairière un lièvre assis sur son derrière et qui le regardait.

— Tiens, pensa-t-il, voici un lièvre qui n'est point farouche.

Il voulut le prendre ; mais le lièvre se leva, et il marchait du même pas que le chasseur, courant quand il courait, s'arrêtant quand il

s'arrêtait. Le prince le poursuivit toute la journée sans pouvoir l'atteindre, et à la nuit, il le vit disparaître dans une caverne où il entra à sa suite. Alors parut devant lui un bonhomme qui avait les dents longues comme la main, et qui lui dit :

— Ce n'est plus à un lièvre ni à une bonne femme, c'est à moi que tu vas avoir affaire.

— Excusez-moi, répondit le jeune prince, je ne savais pas qui vous étiez.

— Je vais te tuer, dit l'homme aux grandes dents.

Mais le prince se mit tant à le supplier de le laisser vivre, qu'il se laissa toucher et lui dit :

— Je vais t'accorder la vie ; mais tu seras mon domestique et tu feras tout ce que je te commanderai.

Il le mena dans son écurie où il y avait deux chevaux : l'un, qui était gris, avait une auge pleine d'avoine ; l'autre, qui était une jument blanche, n'avait devant elle que des fagots.

— Tu auras soin, lui dit-il, de bien nourrir le cheval gris et de lui donner à boire l'eau de la claire fontaine ; pour la jument tu la laisseras sans manger, et tous les jours tu la frapperas à grands coups de trique ; je pars pour six mois, mais obéis-moi bien, ou gare à toi, car j'ai une cloche qui m'avertit de tout ce qui se passe ici.

L'homme partit ; le lendemain le prince soigna de son mieux le cheval gris et se mit à frapper la jument blanche.

— Pas si fort, pas si fort, lui disait-elle.

— Est-ce que les chevaux parlent ici? demanda le jeune homme.

— Oui, répondit la jument, je parle et c'est pour ton bien ; écoute mes paroles, ou dans trois jours tu seras comme moi. J'ai été prise comme toi et changée en jument.

— Comment faire pour me sauver?

— Donne-moi de l'avoine afin que je prenne de la force, et dans trois jours je t'emporterai sur mon dos.

Il la soigna de son mieux, et au bout de trois jours elle reprit de la force et fut capable de marcher vite.

— Mets, lui dit-elle, une selle sur mon dos ; prends avec toi ta brosse, ton étrille et ton bouchon, et prépare-toi à monter sur moi, car bientôt la cloche va sonner et le diable va être prévenu de notre départ.

Quand il fut en selle, la jument lui disait :

— Éperonne, éperonne dur.

Elle marchait comme le vent, et lui répétait :

— Éperonne, éperonne dur, ne vois-tu rien venir?

— Non, rien, répondit-il.

— Éperonne, éperonne dur, ne vois-tu rien derrière nous?

— Si, j'aperçois un gros nuage, avec du feu au milieu, qui s'avance sur nous.

— Est-il loin?

— Non, il nous atteint.

— Jette ta brosse derrière toi.

Aussitôt s'éleva une forêt si épaisse que le diable ne put la traverser et fut obligé de faire le tour. Pendant ce temps la jument marchait comme le vent et répétait :

— Éperonne, éperonne dur, ne vois-tu rien venir?
— Non.
— Éperonne, éperonne dur, ne vois-tu rien venir?
— Non, rien.
— Éperonne, éperonne dur et regarde bien.
— Ah! je vois un nuage noir qui vient, qui vient, qui nous rattrape.
— Jette vite ton étrille.

Aussitôt s'éleva une montagne si haute qu'on n'en voyait pas le sommet. Le diable fut encore obligé d'en faire le tour, et pendant

ce temps la jument blanche allait comme le vent en répétant :
— Éperonne, éperonne dur, ne vois-tu rien?
— Non.
— Éperonne, éperonne dur, ne vois-tu rien venir?
— Rien encore.
— Éperonne, éperonne dur, et regarde derrière toi.
— Ah! je le vois qui vient, qui vient, qui nous attrape.
— Jette ton bouchon.

Il s'éleva derrière eux une montagne plus haute encore et plus escarpée que la première; le diable fut obligé d'en faire le tour, et pendant ce temps la jument blanche allait comme le vent.

— Veille bien, dit-elle à son cavalier : nous allons arriver à un pont, et quand nous aurons passé le milieu, le diable n'aura plus de pouvoir sur nous.

Ils s'engagèrent sur le pont, et le diable saisit la jument par la queue au moment où ses quatre pieds avaient passé le milieu du pont ; mais le prince coupa avec son couteau les crins qui restèrent dans la main du diable.

Il criait au jeune homme :

— Rends-moi mon cheval! rends-moi mon cheval!

— Non, jamais, répondait-il.

Le diable resta longtemps sur le pont à crier, mais il finit par se lasser et s'en alla.

* *
*

— Qu'allons-nous devenir maintenant? demanda le prince à la jument; je voudrais bien retourner dans mon pays.

— Non, répondit la jument blanche, il faut faire route pour Paris.

Elle se mit à marcher, et le jeune prince trouva un ruban en diamant qui éclairait la nuit comme le jour.

Dans ce temps-là, Paris n'était pas aussi grand qu'il est maintenant; quand ils arrivèrent auprès, il mena la jument blanche dans une pâture; elle était alors grasse et fraîche à faire plaisir.

— Tu vois cette grande maison, lui dit-elle, c'est là que demeure le roi; il a besoin d'un pâtour pour ses brebis, il te prendra à son service, et tous les jours tu amèneras ton troupeau ici.

Le jeune homme se présenta au château, et, comme un des bergers était parti le matin, on le gagea pour le remplacer. Il conduisit ses brebis à l'endroit où pâturait la jument blanche, et quand elle le vit, elle dansait et hennissait de joie. Il ramena ses brebis le soir ; elles étaient belles et bien repues, tandis que celles des autres bergers étaient plates et maigres. Tous les jours il retournait à l'endroit où était sa jument et son troupeau engraissait à vue d'œil, au lieu que celui des autres pâtours ne faisait que maigrir.

— Ah ! disait le roi, voici un berger qui a des brebis bien plus belles que les autres.

Les pâtours étaient jaloux de lui et ils cherchaient le moyen de le perdre. Il était défendu d'allumer de la chandelle le soir dans les étables : une nuit, le prince se mit à regarder son ruban de diamants ; il éclairait comme plusieurs lampes, et la lumière brillait à travers les fentes de l'étable. Les autres pâtours vinrent trouver le roi et lui dirent :

— Maître, le nouveau berger allume de la chandelle malgré votre défense.

Le roi vint voir, mais le pâtour entendit du bruit, et il ramassa vivement ses diamants dans sa poche. Le roi ne vit point de lumière et il traita ses bergers de menteurs.

Les pâtours se dirent :

— Pour nous défaire de lui, nous allons raconter au roi que le berger s'est vanté de pouvoir amener ici la Belle aux clés d'or.

Ils allèrent parler au roi qui fit venir le pâtour, et lui dit :

— Tu t'es vanté d'aller chercher la Belle aux clés d'or : il faut que tu l'amènes ici.

— Jamais je n'en ai parlé, répondit le prince-berger, et je ne savais pas même qu'elle existât.

— Cela m'est égal, dit le roi, amène-la ici, ou il n'y a que la mort pour toi.

Le berger se rendit en pleurant à la pâture où était la jument blanche, qui en le voyant se mit à sauter de joie ; mais elle s'aperçut bientôt qu'il avait l'air affligé :

— Pourquoi es-tu triste ? lui demanda-t-elle.

— Le roi m'a ordonné de lui amener la Belle aux clés d'or : je ne sais pas où elle demeure et je me désole, car si je n'y parviens pas, il a juré de me tuer.

— N'est-ce que cela ? répondit la jument. Ce n'est pas la peine de te chagriner pour si peu. Tu vas dire au roi de te faire construire un vaisseau qui brille comme le soleil : tu t'y embarqueras avec quelques hommes d'équipage, et tu te dirigeras vers l'ouest-nord-ouest. Tu arriveras au château de la Belle aux clés d'or qui est bâti au pied des montagnes et soutenu par quatre géants. Les montagnes brillent comme des diamants parce qu'elles sont couvertes de neige. Là tu verras la Belle aux clés d'or et tu l'inviteras à monter à bord de ton vaisseau.

*
* *

Le jeune prince alla demander au roi un vaisseau brillant comme le soleil ; quand il fut terminé, il s'embarqua dedans avec son équipage, et suivant les indications de la jument blanche, il vint mouiller en vue du château de la Belle aux clés d'or. La princesse était à sa fenêtre et elle regardait le navire.

— Bonjour, princesse, lui dit le jeune homme.

— Bonjour, sire, répondit la Belle aux clés d'or, qui prenait le berger pour un roi.

— Je suis venu pour visiter votre château. Voulez-vous me le permettre ?

— Oui, répondit-elle.

Quand il eut parcouru tout le château, elle le fit boire et manger et lui dit :

— Hé bien ! en avez-vous vû d'aussi beau dans votre pays ?

— Non, répondit-il, mais si vous voulez venir à bord de mon navire, vous conviendrez qu'il n'a pas son pareil.

— J'irai, dit la princesse, le visiter dans deux heures.

Il retourna à son bord et commanda à ses matelots de tout préparer pour l'appareillage et de lever l'ancre pendant que la princesse serait occupée à regarder le navire.

La Belle aux clés d'or arriva sur le vaisseau ; le jeune homme le lui fit visiter en détail, et lorsqu'elle remonta sur le pont, la terre était déjà bien loin. Quand la princesse vit qu'on l'emmenait, elle se mit à crier et à s'arracher les cheveux.

— Ah ! malheureux, lui dit-elle, pourquoi m'as-tu trompée ?

— Je suis venu, répondit-il, vous chercher par l'ordre du roi, et si je n'avais pas réussi, il m'aurait tué.

La princesse, de colère, jeta ses clés d'or à la mer, et le vaisseau continuant sa route arriva au port et salua la ville, qui répondit par une salve de vingt et un coups de canon.

Quand le roi vit la Belle aux clés d'or, il fut bien joyeux, et il voulut se marier avec elle, mais elle ne pouvait pas le souffrir et le rebutait toujours.

— Je ne vous épouserai, lui dit-elle, que si vous me remettez les clés d'or de mon château.

Le roi fit venir son pâtour et lui dit :

— Tu as amené ici la princesse ; maintenant il faut que tu

me rapportes ses clés d'or ou il n'y a que la mort pour toi.

Le pâtour alla trouver sa jument blanche; il y avait longtemps qu'elle ne l'avait vu, et elle commençait à être malade de chagrin; mais il la caressa et elle fut tout d'un coup guérie. Comme il avait la mine triste, elle lui demanda pourquoi il se chagrinait encore.

— J'ai amené au roi la Belle aux clés d'or, répondit-il; maintenant il veut que j'aille chercher ses clés qu'elle a jetées à la mer.

— S'il n'y a que cela, dit la jument blanche, tu peux te consoler. Demande au roi de te faire construire un navire de petite taille, mais bon marcheur; tu mettras à l'arrière une pierre bien droite, et quand tu seras à peu près rendu à l'endroit où la Belle a jeté ses clés d'or à la mer, tu frapperas trois coups sur la pierre avec cette baguette Tu verras sortir de l'eau un petit homme qui menacera de te dévorer; mais ne t'effraye pas et frappe-lui sur la tête avec ta baguette, jusqu'à ce qu'il ait jeté les clés sur le pont du navire.

Le pâtour alla demander au roi un navire petit, mais bon marcheur, et il s'embarqua à bord pour se rendre à l'endroit où la princesse avait lancé ses clés à la mer. Quand il y fut rendu, il frappa trois coups de baguette sur la pierre qui était dressée bien droite à l'arrière; aussitôt, il vit sortir de la mer un petit homme qui ouvrait une grande bouche en criant:

— Je vais te manger! je vais te manger!

Mais le jeune homme se mit à lui frapper des coups de baguette sur la tête en lui disant:

— Si tu ne vas pas me chercher les clés d'or que la princesse a lancées dans la mer, je vais continuer à te battre.

Le petit homme plongea dans l'eau, et il en rapporta les clés d'or qu'il jeta sur le pont. Aussitôt le navire se remit en marche et il ne tarda pas à arriver au port, qu'il salua avec son artillerie.

Quand le roi eut les clés, il fut bien content, et il les donna à la princesse en lui disant :

— Maintenant vous allez vous marier avec moi.

— Non, répondit-elle ; si vous voulez que je vous épouse, il faut que celui qui a été chercher les clés amène ici mon château.

Le roi fit venir son pâtour et lui dit :

— Tu vas aller chercher le château de la princesse et l'amener ; si tu ne le fais pas, il n'y a que la mort pour toi.

Le jeune homme était bien triste ; il retourna à la pâture où était la jument blanche, mais elle avait maigri et semblait presque morte.

— Je croyais, lui dit-elle, que tu allais me laisser mourir. C'est bien mal de ta part, moi qui t'ai sauvé quand tu étais chez le diable.

— Ah ! répondit-il, j'ai été si content d'être revenu que je t'avais oubliée. Le roi m'a ordonné d'aller chercher le château de la Belle aux clés d'or ; mais cette fois, je crois bien que ma mort est au bout.

— Non, dit-elle, ne t'effraye pas ; tu vas demander au roi de te faire construire un navire, le plus grand qu'on pourra faire. Tu le chargeras de vin et de mets délicieux, et tu retourneras au château. Tu verras les géants qui le portent sur leur tête, et après leur avoir donné à manger, tu leur diras de venir avec toi dans ton pays.

Le roi fit construire pour son berger un navire, le plus grand qui eût été fait ; on le chargea de vins et de mets délicieux, et il mit à la voile pour aller dans l'ouest-nord-ouest au château de la Belle aux clés d'or. Quand le jeune homme y arriva, les géants qui soutenaient le château sur leur tête avaient si grand' faim qu'ils allaient se battre pour se manger. Il fit débarquer les vins et les vivres, et les géants se régalèrent ; ils vidaient par la bonde les barriques de vin et mangeaient un bœuf à chaque fois.

— Vous êtes meilleur que notre maître, lui dirent-ils ; il nous laisse crever de faim.

— Si vous voulez venir dans mon pays, répondit-il, je vous donnerai à manger tant que vous voudrez. Le château que vous portez vous paraît-il bien lourd ?

— Non, il ne pèse pas plus qu'une plume.

— Voulez-vous l'emporter avec vous ?

— Oui, volontiers.

Il embarqua les géants qui portaient le château sur leur tête, et quand il arriva, il les fit débarquer et les conduisit à la Belle aux clés d'or.

Lorsque le roi vit le château venu, il était bien joyeux et il dit à la princesse :

— Maintenant, je pense, vous allez vous marier avec moi.

— Si vous voulez que je vous épouse, répondit-elle, il faut que vous fassiez brûler celui qui a été chercher mon château et mes clés d'or.

Quand le jeune homme eut connaissance de ce que la Belle aux clés d'or avait demandé au roi, il alla trouver en pleurant sa jument blanche.

— Ah! lui dit-il, cette fois je suis perdu : le roi veut me faire brûler pour épouser la princesse.

— N'est-ce que cela? lui répondit-elle. Tu vas t'habiller en toile des pieds à la tête ; voici une petite bouteille que tu verseras sur tes habits et tu ne brûleras point ; ensuite tu seras invisible, tu quitteras le bûcher et tu parleras au roi derrière la foule.

Le jeune homme fit ce que la jument blanche lui avait dit. Le lendemain on apporta dans la cour du palais plus de deux cents fagots, on plaça le pâtour au milieu et on mit le feu au bûcher ; mais il ne brûla point ; il sortit du milieu des flammes et alla se mettre dans la foule.

Le roi le vit et lui dit :

— Je croyais t'avoir brûlé ; comment as-tu fait pour ne pas être rôti ?

— J'ai acheté des habits de toile et le feu ne m'a point touché.

— Si vous voulez vous marier avec moi, dit la Belle aux clés d'or, il faut que vous fassiez comme le berger, et que vous montiez sur un bûcher.

— C'est facile, répondit le roi.

Il se fit faire un habit tout en toile, et se plaça au milieu de trois cents fagots ; mais quand ils furent allumés, il fut étouffé et brûla.

Alors la Belle aux clés d'or dit au jeune homme :

— C'est toi que je veux épouser.

Il était bien content, et il alla raconter à la jument blanche que la Belle aux clés d'or voulait se marier avec lui.

— Si tu veux l'épouser, lui dit-elle, il faut auparavant me tuer et couper mon cœur en deux morceaux.

— Non, répondit-il.

— Si, il faut que tu le fasses, je le veux.

Il tua la jument blanche, et, quand il eut coupé son cœur en deux morceaux, il en sortit une dame belle comme un jour qui lui dit :

— Tu aurais pu être heureux avec moi, mais tu es un ingrat ; maintenant tu seras malheureux toute ta vie.

Elle disparut et jamais il ne la revit. Il épousa la Belle aux clés d'or, mais il fut malheureux à faire pitié et il mourut dans la misère.

Conté en 1880, par Auguste Macé, de Saint-Cast, mousse, âgé de 15 ans.

Il aperçut, aux dernières lueurs du soleil, une petite chapelle. (Page 38.)

JEAN SANS PEUR

Il était une fois un garçon qui demeurait avec sa mère dans une petite maison bâtie sur le bord de la forêt.

Dès son enfance, il se montra hardi, et quand il arriva à l'âge

d'homme, on lui donna le surnom de Jean sans Peur, parce qu'il avait coutume de dire que rien n'était capable de l'effrayer : il ne redoutait aucun vivant, car il se sentait assez fort pour tenir tête aux plus robustes, et il n'était guère porté à s'émouvoir des lutins, des revenants et des choses surprenantes qu'on peut voir la nuit.

Plusieurs fois ses voisins avaient essayé de le mettre à l'épreuve, mais ils avaient beau imaginer des apparitions, lui, sans se laisser troubler, marchait droit vers le mauvais plaisant qui se hâtait de s'enfuir.

Un soir il partit seul pour aller chercher au bourg des remèdes et une bouteille de vin, afin de réconforter sa mère qui était malade. Plusieurs garçons de son âge résolurent de voir si vraiment il méritait son nom : l'un d'eux se coucha, assez loin des maisons, près d'un échalier que Jean devait franchir avant de rentrer chez lui, car c'était là que passait la route la plus courte, et il n'y avait point d'autre sentier. On enveloppa le gars d'un drap blanc, et on plaça trois cierges à chacun de ses côtés comme on fait aux morts qui sont prêts à être portés en terre.

En voyant cette apparition que personne du pays n'aurait osé regarder en face, Jean ne s'arrêta pas, et s'avançant vers l'échalier, il s'écria :

— Si vous croyez me faire peur, vous vous trompez : hâtez-vous de vous éloigner ou de me dire votre nom, sinon je vous cognerai de la belle façon avec mon bâton à marotte.

— Ne frappe pas, Jean, dit en dépouillant son linceul blanc le prétendu mort qui craignait pour ses épaules ; ne frappe pas, je suis Pélo, ton voisin, et j'ai eu tort de vouloir te faire une farce.

Cependant Jean se lassa de rester dans son pays à labourer la terre,

et il se sentit pris de l'envie d'aller à la recherche des aventures, pensant bien qu'il trouverait par le monde des occasions de montrer son courage et peut-être de faire fortune.

— Je veux voyager, ma mère, dit-il un jour ; je sens que ma place n'est point ici.

— Tu es un sot : reste avec moi, tu seras tranquille et personne ne te contrariera. Ne sais-tu pas que pierre qui roule n'amasse pas mousse ?

— Je suis résolu à parcourir le monde : aucun homme n'a pu jusqu'ici se vanter de m'avoir vu trembler, et je ne pense pas que jamais on puisse me faire peur.

— Eh bien ! puisque tu es décidé à quitter la maison de ton père, je vais te donner un conseil dont tu te trouveras bien si tu consens à le suivre : ne voyage jamais que d'un soleil à l'autre, et ne manque pas de t'arrêter pour te coucher quand le jour fera place à la nuit.

Jean embrassa sa mère qui pleura en le voyant partir, et il emmena un âne pour porter son bagage qui n'était pas des plus lourds.

*
* *

Il marcha tout le jour ; quand vint la nuit, il s'étendit dans le creux d'un fossé sur un tas de feuilles mortes, et ne s'éveilla qu'en entendant les oiseaux gazouiller dans les branches au-dessus de sa tête.

A la fin de la seconde journée, comme il cherchait un endroit où se reposer, il aperçut, aux dernières lueurs du soleil qui disparaissait derrière les arbres, une petite chapelle ; elle n'était pas fort éloignée, mais quand il y arriva, la nuit était tout à fait tombée. Il attacha son âne à un arbre, et entra dans la chapelle.

Elle était toute délabrée, les fenêtres n'avaient plus de vitraux, et la porte fermait mal ; mais Jean n'était pas difficile, et il pensa qu'il dormirait encore mieux là que dans le creux d'un fossé ou sous les arbres.

On avait pendu à la grande poutre qui traversait le petit édifice,

à la naissance de la voûte en bois, trois hommes dont les pieds touchaient presque à terre, et à cause de l'obscurité, Jean ne les aperçut pas. Il alla se coucher sur une dalle de pierre, se fit un oreiller de son bissac, plaça son bâton à la portée de sa main et se prépara à dormir.

Mais au moment où il commençait à fermer les yeux, le vent qui soufflait à travers les fenêtres sans vitraux choqua les pendus l'un contre l'autre avec un si grand bruit qu'il aurait réveillé le dormeur le plus obstiné.

Jean se leva et dit :

— Je vais bien vous faire rester tranquille, moi.

Et d'un coup de bâton, il fit tomber par terre l'un des pendus.

Il n'entendait plus rien et allait se recoucher quand survint une autre rafale, qui poussa l'un contre l'autre les deux pendus qui restaient. Jean en frappa encore un avec tant de force qu'il roula sur le pavé de la chapelle.

Il alla se coucher pour la troisième fois, pensant que désormais il pourrait reposer tranquillement ; mais le vent souffla encore et le dernier pendu heurta le mur du pied.

— Comment, vaurien, s'écria Jean en colère, tu es tout seul maintenant et tu ne peux rester en repos ! je vais me lever et te traiter comme tes camarades.

— Ne me frappez pas, dit le pendu, qui, par une permission du ciel, recouvra la parole, écoutez-moi plutôt, si vous avez un peu de charité. Nous avons été tous les trois étranglés ici par le bourreau pour avoir volé les trésors de l'église : ils sont cachés sous une pierre tombale qui est dans le bas de la chapelle à côté du bénitier. Si vous avez assez de courage pour les prendre et les restituer au prêtre, nous pourrons au moins espérer d'obtenir la miséricorde de Dieu.

— Bien, dit Jean, reste tranquille : dès demain, je ferai ce que tu désires, et ce ne sera pas encore cette fois-là que j'aurai peur.

Il dormit paisiblement, et le jour arrivé, il souleva la pierre qui recouvrait le trésor volé et alla le porter au prêtre auquel il raconta de point en point son aventure.

Celui-ci fut grandement réjoui de retrouver le trésor qu'il croyait perdu; et il promit de dire des messes pour le repos de l'âme des pendus; il remercia Jean sans Peur et voulut le récompenser. Jean refusa l'argent que le recteur lui proposait, mais le pria de lui faire cadeau de son étole : avec elle, pensait-il, et avec mon bâton à marotte, je pourrai courir le monde sans craindre ni les diables ni les gens.

— Je ne puis vous donner mon étole, dit le prêtre ; c'est un objet sacré avec lequel il ne faut pas jouer.

— Aussi n'est-ce point pour me moquer de cette chose sainte que je vous la demande, c'est pour repousser les embûches du démon, et détruire les enchantements.

Ces paroles décidèrent le prêtre à confier son étole à Jean sans Peur qui la serra précieusement et se remit en route.

**

Jean marcha encore toute la journée et, vers le soir, il aperçut au bout d'une grande avenue un château qui paraissait des plus beaux ; en se dirigeant de ce côté, il arriva à une maison plus petite et qui n'était pas fort éloignée de l'habitation principale. Il demanda à des gens qui étaient à la porte si les habitants du château consentiraient à le loger.

— C'est, lui répondit-on, une maison fort belle ; mais personne ne peut y rester la nuit à cause des lutins : tous ceux qui ont essayé d'y coucher ont disparu ou ont été trouvés morts le lendemain.

— Avec votre permission, dit Jean en s'adressant à celui qui paraissait le maître, j'irai voir si je puis y dormir cette nuit. Je ne

sais encore ce que c'est que la peur, et je pense que je ne l'apprendrai pas cette fois-ci. Mais prêtez-moi un des grands sabres que je vois accrochés à la muraille, afin que je puisse me défendre si je suis attaqué.

Jean entra dans le château, et après avoir parcouru beaucoup de pièces sans voir personne, il arriva à une cuisine où il y avait une table de chêne couverte de pains, d'écuelles, de plats et d'assiettes. Le manteau de la cheminée était à la mode d'autrefois, et une douzaine de personnes auraient pu s'y chauffer à l'aise ; sur le feu il vit une marmite qui bouillait et une casserole où cuisait de la viande.

Il prit le morceau de pain et se mit à le découper en menues tranches qu'il plaça dans une écuelle : au moment où il soulevait le couvercle de la marmite pour tremper sa soupe, il entendit une voix rude qui disait :

— Trempe quatre soupes.

— Si cela me fait plaisir, répondit Jean sans s'émouvoir; parlez plus poliment.

— Eh bien! je vous prie de préparer quatre écuellées.

— Volontiers, mais à la condition que vous viendrez les manger et me tenir compagnie.

Il entendit ensuite un grand bruit de ferraille qui retentissait dans la cheminée, et il vit plusieurs bouts de chaînes qui pendaient.

— Avez-vous bientôt fini votre tapage, s'écria Jean; laissez tomber tout à fait les chaînes dont vous me montrez le bout : ce n'est pas encore avec cela que vous parviendrez à m'effrayer.

Les chaînes descendirent sur le feu avec un grand fracas, et presque aussitôt trois diables arrivèrent par le même chemin, c'est-à-dire par la route de la fumée. Ils étaient vêtus comme des messieurs, mais leurs longues queues dépassaient leurs habits.

— Le souper n'est pas encore cuit à point, dit l'un d'eux en dé -

couvrant la casserole ; si vous voulez, nous allons jouer aux cartes en attendant que tout soit prêt.

Les diables s'attablèrent, et le plus jeune laissa tomber à terre une des cartes de son jeu.

— Relève ma carte, dit-il à Jean.

— Tu pourrais parler mieux et faire ta besogne toi-même : me prends-tu pour ton domestique ?

Comme le jeune diable se baissait pour ramasser sa carte, Jean sans Peur lui passa adroitement l'étole du prêtre autour du cou, et à cette vue, les autres démons s'enfuirent, laissant leur camarade se tirer d'affaire comme il pourrait.

Le petit diable se démenait aussi fort que s'il avait été dans une cuve d'eau bénite, et il suppliait Jean de le délivrer de l'étole qui le brûlait comme un collier de fer rouge.

— Ah ! répondait Jean, te voilà bien attrapé, toi qui croyais prendre les autres ; mais avant que je te permette de t'en aller, dis-moi pourquoi tu voulais que je ramasse ta carte ?

— Pour te pousser dans un puits qui est sous la table.

— Bien obligé ; mais je ne suis pas rancuneux, et je consens à te débarrasser de ton collier, si tu veux signer de ton sang un écrit par lequel tu me donneras le château et tout ce qu'il contient. Tu t'engageras à n'y jamais revenir, ni toi ni aucun des tiens.

Le jeune diable se fit une petite incision au bras, et ne tarda pas à remettre à Jean un parchemin bien en règle. Quand il fut délivré de l'étole, il sautait comme un poulain qui sort de l'écurie ; il était si joyeux qu'avant de s'en aller, il indiqua au jeune gars une cachette placée sous l'escalier et où se trouvait une barrique remplie de pièces d'or.

Jean reposa bien tranquillement tout le reste de la nuit; le seigneur auquel appartenait le château hanté récompensa magnifiquement Jean sans Peur ; il voulut même le garder avec lui, mais, après être resté quelques jours à se divertir, le gars s'ennuya de cette vie oisive, et il reprit le cours de ses voyages.

∗
∗ ∗

Un jour il entra dans une ville dont tout les habitants étaient vêtus de noir et avaient la mine triste.

— Pourquoi, demanda-t-il, chacun porte-t-il des habits de deuil?

— On voit bien que vous êtes étranger, car sans cela vous sauriez que demain la Bête à sept têtes doit venir dévorer la fille du

roi. Si quelqu'un peut tuer le monstre et délivrer la princesse, il deviendra son mari; mais quoiqu'elle soit belle comme un jour d'été, personne ne s'est encore présenté pour être son défenseur, car la Bête lance un feu qui consume tout.

— Je tenterai l'aventure, dit Jean, car je ne sais encore ce que c'est que la peur.

On le mena au roi, qui à la vue d'un homme aussi courageux reprit quelque espérance. Il ordonna qu'on eût bien soin de lui, et promit, s'il réussissait, de lui donner sa fille en mariage.

Le lendemain, Jean fut conduit à l'endroit où la princesse était déjà et elle pleurait en attendant la mort.

Bientôt Jean aperçut le monstre qui arrivait en sifflant et dont les sept têtes cornues lançaient des flammes : d'une main il prit son étole, de l'autre il dégaîna son sabre, et s'avança hardiment à la

rencontre de la Bête. Le feu ne le brûlait point à cause de l'étole qui était bénie, et au moment où les sept têtes s'allongeaient pour le dévorer, il en trancha quatre d'un seul coup de sabre, puis, sans s'arrêter, il frappa une seconde fois avec tant d'adresse et de bonheur, que les trois autres tombèrent à terre à côté du corps de la Bête.

Elle ne tarda pas à expirer ; quand elle fut bien morte, Jean coupa ses sept langues qu'il mit dans un mouchoir marqué de son nom, et la fille du roi retourna à la ville où tout le monde fut bien réjoui de voir que la Bête à sept têtes ne l'avait pas dévorée.

*
* *

Comme le soir était venu pendant que Jean reprenait le chemin de la ville, il n'oublia pas le conseil de sa mère, et il se coucha à l'endroit où la nuit le surprit. Fatigué des travaux de la veille, il resta endormi bien après le lever du soleil, et une hirondelle vint en rasant la terre lui effleurer la figure du bout de son aile. Il se réveilla brusquement en frissonnant un peu, et apercevant l'oiseau qui fuyait, il s'écria :

— Ah ! je ne savais pas jusqu'à présent si la Peur était à plumes ou à poil ; mais je vois maintenant qu'elle est à plumes.

Ce fut la seule fois de sa vie où il éprouva un commencement de crainte, et encore, il dormait plus d'à moitié quand cela lui arriva.

Il prit le chemin de la ville, et en entrant dans le palais du roi qui était tout en fête, il apprit qu'on allait marier la princesse avec celui qui l'avait délivrée et qui était assis à côté du roi. C'était un homme qui, passant près de l'endroit où gisait la Bête morte, avait coupé les sept têtes et les avait apportées en disant que c'était lui qui avait tué le monstre.

— Attendez, cria Jean, cet homme est un affronteur : il n'y a pas de bêtes sans langue : regardez si les langues sont encore dans les bouches de la Bête.

On vit qu'elles avaient été coupées, et Jean montra le mouchoir marqué où se trouvaient encore les sept langues toutes sanglantes.

Le roi, irrité contre celui qui l'avait trompé, le fit écarteler par quatre chevaux. Il embrassa Jean sans Peur et le fit revêtir de beaux

habits qui lui donnèrent une mine de prince. Il épousa la fille du roi et à cette occasion ils firent les plus belles noces dont on ait jamais entendu parler dans le pays : les petits cochons couraient par les rues tout rôtis, tout bouillis, la fourchette sur le dos, et en coupait qui voulait, et moi qui étais au repas, on me donna un grand coup de pied dans le derrière, et ils me mirent à m'en aller au soir.

Conté par Jean Bouchery, de Dourdain (Ille-et-Vilaine).

Ah! ma bonne Vierge, répondit le soldat. (Page 52.)

LA FLEUR DU ROCHER

Il y avait une fois un soldat qui s'appelait Jean Cate; il était en garnison au fort de la Corbière, et, quand il n'était pas de service, il descendait le long de la falaise et allait pêcher sur les rochers qui sont au pied du fort.

Un jour qu'il pêchait à la perche sans prendre grand'chose, il eut envie de visiter la Houle de la Corbière, dont il entendait souvent parler.

— On prétend, disait-il, que des fées l'habitent; je serais curieux de voir leur demeure.

Il alla du côté de la Houle; mais, comme il descendait les rochers qui forment les côtés de la tranchée au fond de laquelle est la grotte, le pied lui manqua, et il tomba d'une grande hauteur sur de gros cailloux. Dans sa chute, il s'était meurtri tout un côté, et il resta dans le fond de la tranchée, ne pouvant plus remuer et sans connaissance. Quand il rouvrit les yeux, il vit auprès de lui une jeune femme qui lui dit :

— Eh bien! mon pauvre Jean Cate, ta curiosité t'a coûté cher.

— Ah! ma bonne Vierge, répondit le soldat, est-ce vous qui êtes venue à mon aide?

— Je ne suis pas la bonne Vierge, dit la jeune femme, mais une personne qui veut te porter secours.

— Je suis un homme mort, répondit Jean Cate : je suis meurtri des pieds à la tête.

— Si tu veux me promettre de ne parler à âme qui vive de ce que je vais te faire, je te guérirai.

— Oui, je le jure sur ma vie.

La jeune femme prit dans sa poche une bouteille, et avec l'onguent qu'elle contenait, elle se mit à frotter Jean Cate sur tous les endroits où il avait eu mal. Quand elle eut fini, il se trouva guéri, et aussi dispos qu'avant sa chute :

— Maintenant, lui dit-elle, que la curiosité ne te ramène plus où tu n'as que faire.

Jean Cate pensait bien que la dame était une des fées de la Houle; il lui dit :

— Comment pourrai-je vous montrer ma reconnaissance? vous m'avez sauvé la vie.

— Je ne te demande rien, mon ami, rien que le silence sur ce que tu as vu.

— Pourrai-je au moins vous revoir quelquefois? Dites-moi quel est votre nom.

— Tu le sauras plus tard et tu me reverras ; mais si tu te vantes de ce que tu as vu, tu mourras.

★
★ ★

Jean Cate retourna au fort; il ne parla point à ses camarades de son aventure; mais il pensait toujours à la jolie dame qui l'avait guéri, et tous les jours, en faisant son service sur les parapets du fort, il regardait du côté de la mer s'il ne l'apercevrait point. Il ne la revit pas, mais souvent il voyait des bonnes femmes, vieilles comme les chemins et blanches comme la neige, qui étendaient du linge sur les gazons de la falaise.

Une semaine après, un jour qu'il n'était pas de service, il aperçut la dame, et il se hâta de sortir du fort, emportant une perche comme

s'il voulait aller pêcher. Il arriva auprès de la Houle, où il vit une table dressée, couverte d'une jolie nappe blanche, sur laquelle étaient des gâteaux, des fruits, du vin et deux verres. Jean Cate s'avança, bien content; la dame s'assit sur une chaise, et invita le soldat à s'asseoir à côté d'elle sur une seconde chaise.

— Eh bien, Jean Cate, es-tu bien guéri ?

— Ah ! oui, Madame, répondit-il.

— Je ne veux pas que tu m'appelles Madame.

— Aimez-vous mieux que je vous appelle Mademoiselle ?

— Oui : c'est ainsi qu'on me nomme.

— Est-ce votre vrai nom ?

— Oui, car je suis demoiselle ; mais mon vrai nom est la Fleur du Rocher.

— Celui qui vous l'a donné n'a pas eu une mauvaise idée, répondit le soldat.

Tout en mangeant, il lui faisait les yeux doux, et comme la jeune fille semblait y prendre plaisir, il lui dit que, si elle le voulait, il

désirait l'épouser ; mais il avait bien envie de savoir si elle était une femme comme une autre, ou bien une fée.

— On parle beaucoup, dit-il, des fées qui demeurent dans la Houle ; ne seriez-vous pas une d'elles ?

— Des fées ! répondit-elle, est-ce qu'on croit aux fées dans ton pays ? Apprends que je suis fille d'un seigneur, et même d'un grand seigneur ; si tu veux venir avec moi au château de mes parents, tu y seras bien reçu.

Jean Cate était bien content, et il se disait :

— Si je ne rentre pas au fort, je passerai pour déserteur ; mais je veux voir tout de même : si je ne me plais pas avec elle, je m'en reviendrai. Ma foi, je me risque. Mais, dit-il tout haut en regardant la Houle, comment ferai-je pour vous suivre ? il fait noir dans la grotte comme dans un cachot.

— Est-ce que je ne t'ai pas passé sur les yeux du baume qui t'a éclairci la vue comme à moi ? répondit la Fleur du Rocher.

Quand ils eurent fini de manger, une vieille femme toute couverte de goëmon vint desservir la table. Jean Cate et la demoiselle entrèrent dans la Houle, et, dès qu'il y fut, il voyait clair comme en plein jour ; plus ils avançaient, plus la grotte devenait large ;

il voyait des champs et des chemins bordés de maisons, et, avant d'arriver au château, il passa devant plus de dix villages.

Jean Cate lui disait :

— Où me menez-vous, la Fleur du Rocher ?

— A mon château, mon bon ami.

Ils arrivèrent à une grande avenue, où il y avait des arbres de toute espèce, et le soldat se disait :

— Il paraît tout de même que c'est un beau château.

Au bout de l'avenue, il vit un étang et des douves qui faisaient le tour des murailles, et à la porte se tenaient deux gardiens qui semblaient avoir plus de mille ans.

Ils entrèrent dans le château, et le père et la mère de la demoiselle le reçurent comme leur fils ; mais ils étaient si vilains qu'il avait peur d'eux ; ils paraissaient âgés et avaient la peau comme de vieux crapauds ; mais c'était pour faire peur à Jean Cate.

— Est-ce là, dit-il, votre père et votre mère ?

— Oui, répondit en riant la demoiselle ; est-ce que tu ne les trouves pas jolis ?

Ils entrèrent dans un autre appartement, et, dès qu'ils y furent, le seigneur et sa femme eurent la peau aussi fine que celle de leur fille, si bien que le soldat ne les reconnaissait pas.

Ils étaient riches comme des Crésus ; mais ils consentirent tout de même au mariage, et ils firent une belle noce où ils invitèrent leurs parents et leurs amis.

Jean Cate était bien content d'être marié à la Fleur du Rocher ; mais il n'était pas tranquille, parce qu'il pensait qu'on l'avait porté comme déserteur, et il se disait :

— On sait bien que la Houle n'est pas loin du fort ; si on y pénètre et qu'on m'y trouve, je serai pris.

Mais il n'en parlait à personne, pas même à sa femme.

Peu de temps après, le père et la mère de la Fleur du Rocher tombèrent malades, et ils virent que leur fin était proche.

Le vieux seigneur appela Jean Cate et lui dit :

— Avant de mourir, je veux vous donner quelque chose qui vous sera d'un grand secours ; j'ai été guerrier autrefois, et je vous fais

don de mon épée. Tout ce que vous demanderez en mon nom, et tenant l'épée à la main, s'accomplira.

Il dit ensuite à sa fille :

— Voici les clefs de tous mes trésors qui vous appartiendront.

Il mourut quelques instants après, et la vieille dame dit à sa fille :

— Je vous fais présent de tous mes secrets, car je vais suivre votre père ; voici ma baguette et une petite bouteille, n'oubliez jamais de la porter avec vous, car elle guérit de toutes les blessures, et je sais que vous allez suivre l'armée. Emportez aussi la baguette, et, quand vous quitterez le château, laissez-le à la garde des vieux serviteurs.

Quand le père et la mère de Fleur du Rocher eurent été enterrés, Jean Cate lui dit :

— Si tu voulais, nous irions au grand air : on sait bien qu'il y a une Houle ici ; si les soldats m'y trouvaient, je passerais en conseil de guerre comme déserteur, et je serais fusillé.

Sa femme lui répondait :

— Ils ne viendront pas ; j'ai du bien ici plus que tu n'en peux désirer ; pourquoi veux-tu courir les aventures ?

Mais Jean Cate avait envie d'éprouver son épée, et sa femme finit par consentir à quitter la Houle ; ils laissèrent le château sous la garde des deux serviteurs si vieux, et ils dirent que si l'un venait à mourir, il faudrait le remplacer, et que, s'ils ne revenaient pas, le château serait pour eux.

Voilà Jean Cate qui part avec sa femme pour revenir à l'entrée de la Houle ; et il rejoignit son poste au fort de la Corbière. Il croyait être resté cinq ou six jours absent : mais il était parti depuis dix-huit mois, et quand il revint, on le mit en prison. Sa femme, qui était enceinte, alla demeurer dans une maison en dehors du fort, et son mari lui avait défendu de se servir de sa baguette, parce qu'il voulait auparavant montrer le pouvoir de son épée.

Quand son commandant l'avait vu revenir, il s'était bien aperçu qu'il n'avait plus le même sabre qu'en partant :

— Comment, lui dit-il, tu n'as plus ton sabre ?

— Non, il m'a été volé, mais celui que j'ai peut bien le remplacer.

Au moment où il allait passer en conseil de guerre, l'ennemi se présenta, et le commandant dit qu'il fallait mettre devant les autres les soldats qui étaient en prison.

Jean Cate était bien content, parce qu'il n'attendait que le moment de se servir de son épée. Il demanda au commandant la permission de marcher en tête de tous les autres ; elle lui fut accordée ; mais,

comme on voulait lui donner un sabre au lieu de son épée qui était petite, il répondit :

— Non, non, laissez-la moi, je veux l'essayer.

Il marcha devant les autres, et, quand il vit l'ennemi il dit :

— Mon épée, tranche la tête à mille ennemis du même coup.

Aussitôt mille soldats tombèrent à terre. Le commandant disait :

— Voilà un fameux coup d'épée !

Les ennemis, un peu étonnés d'abord, continuèrent à s'avancer, mais Jean Cate commanda à son épée d'abattre deux mille soldats, et il continua à jouer du sabre jusqu'à ce que l'armée ennemie eût été détruite.

Trois jours après, les assaillants revinrent encore, et Jean Cate, qui n'était plus en prison, demanda à marcher à la tête de la colonne. Il dit à son épée :

— Mon épée, qu'il ne reste plus un ennemi debout.

L'armée ennemie fut encore défaite ; Jean Cate ne fut plus traité comme déserteur, et il monta en grade. Comme son régiment devait partir, il dit à son commandant :

— Je voudrais aller voir ma femme.

— Oui, mais tu vas revenir.

— J'y consens, mais ma femme me suivra.

— Oui, je veux bien qu'elle soit cantinière.

— Non, elle viendra avec moi sans cela.

— Soit, répondit le commandant, je n'ai rien à te refuser.

Jean Cate alla voir sa femme qui avait eu un beau petit garçon. La Fleur du Rocher suivit le régiment à la guerre ; elle avait toujours avec elle sa petite bouteille, et dès qu'un soldat était blessé, elle le frottait avec un peu de baume, et il guérissait aussitôt. Partout où ils étaient, le régiment remportait la victoire, et Jean Cate monta de grade en grade, si bien qu'il était le premier en France après le roi.

Il s'était passé du temps depuis qu'ils avaient quitté la Houle de la Corbière ; le garçon de Jean Cate avait seize ans, et une fille qui était venue depuis, douze ans. La Fleur du Rocher dit à son mari :

— Je suis fatiguée, et je ne me sens pas bien, je ne veux plus suivre l'armée.

Ils se retirèrent à Brest, et Jean Cate, qui n'avait jamais dit le secret de son épée, la donna à son fils, en lui recommandant de ne jamais le révéler à personne.

La Fleur du Rocher tomba malade, et, comme elle sentait sa fin venir, elle dit à sa fille :

— Je te donne le secret que ma mère m'a confié en mourant : voici ma baguette et ma petite bouteille, voici les trois clés qui ouvrent les portes des trésors qui vous appartiennent, et qui sont dans mon château : il est caché sous terre et on y entre par la Houle de la Corbière ; conserve bien les clés, ou votre fortune serait perdue. Si tu suis ton frère à l'armée, tu pourras avec cette bouteille guérir toutes les blessures.

La Fleur du Rocher mourut, et sa fille conserva ses clés pendues au cou par un cordon ; elle resta trois ou quatre ans encore avec son père ; mais alors il tomba malade ; il fit appeler son fils et lui dit :

— Je vais mourir ; ta sœur te suivra à l'armée et partout. Vous avez des trésors que vous ne connaissez pas, et ta sœur a les clés qui les ouvrent. Je vais vous donner une lettre signée de mon sang qui vous permettra de trouver votre route et d'aller les chercher.

Jean Cate mourut peu après, et je ne sais si ses enfants sont allés à la Corbière chercher leurs trésors ou s'ils y sont encore.

Conté en 1880, par Rose Renaud, de Saint-Cast, âgée de 60 ans environ, femme d'Étienne Piron, pêcheur. Elle tient ce conte de Marie Chéhu, veuve Jagueu, aussi de Saint-Cast, âgée de 87 ans.

Aussitôt elles cessèrent d'être singes. (Page 66.)

LE CORDON ENCHANTÉ

Il était une fois un jeune garçon qui n'avait plus ni père ni mère, et il allait à la pêche pour gagner sa vie. Un jour qu'il était fatigué, il s'endormit parmi les rochers où il fut surpris par la nuit. Auprès

de lui passa un homme qui portait un bateau sous son bras ; il réveilla le petit pêcheur et lui dit :

— Que fais-tu là ?

— Je me suis endormi parce que j'étais lassé, et la nuit m'a surpris.

— Tes parents vont être inquiets de toi.

— Je n'ai plus de parents, répondit le petit garçon.

— Veux-tu venir avec moi, tu pêcheras dans mon bateau ?

— Oui, volontiers, répondit-il, j'ai toujours eu envie de naviguer.

L'homme lui frotta les yeux avec une pommade, et depuis ce temps il voyait aussi clair la nuit que le jour; le petit garçon, tout en suivant le pêcheur, lui disait :

— Vous portez donc votre bateau sous votre bras ?

— Oui, mais sois sans crainte, quand je veux, il est assez grand pour nous deux.

L'homme mit son bateau à la mer, et les voilà partis pour la pêche; ils prirent du poisson en quantité, et il était beau tout ce qu'on pouvait dire. Quand la pêche fut finie, l'homme prit son bateau sur son dos, et dit au petit garçon :

— Suis-moi; si tu veux rester avec moi, tu seras bien ; j'aurai soin de toi, et tu pourras sortir et te promener quand tu voudras.

Ils se mirent à marcher sur la grève et bientôt ils arrivèrent à l'entrée d'une houle (1) ; mais lorsque l'enfant vit qu'il fallait y pénétrer, il dit :

— Vous voulez me mener avec les fées, je ne veux pas aller vivre avec elles.

— Tu n'auras pas de mal, répondit le pêcheur; viens et n'aie pas peur.

Le petit garçon se fit un peu prier, mais le pêcheur le rassura, et ils entrèrent dans la houle où se trouvait une famille de fées. Il y fut bien reçu, bien soigné et bien nourri. Il allait à la pêche dans

---

(1) Grotte dans les falaises.

le bateau de celui qui l'avait amené, et la nuit il sortait avec les gens de la houle pour aller chercher des bœufs, des moutons, des fruits, du cidre ou du bois. Ils apportaient tout cela à la grotte et personne ne les voyait.

Le petit garçon resta sept ans dans la houle, et il croyait n'y avoir demeuré que sept mois. Au bout de ce temps, il lui prit envie de quitter les fées.

— Je voudrais bien m'en aller, maître, dit-il un jour à son patron.

— Reste avec nous; avec les hommes tu ne seras pas aussi bien.

— C'est égal, je veux naviguer.

— Puisque tu as envie de nous quitter, je ne veux pas te retenir, j'ai promis de te laisser aller quand tu voudrais. Pour te récompenser du temps que tu as passé ici, voici un petit cordon que je te donne. Je vais le mettre autour de ton corps; mais tu auras bien soin que personne ne le voie, car il perdrait aussitôt son pouvoir. Tout ce que tu demanderas par la vertu de ce petit cordon te sera accordé : tu iras sur mer et sous mer, sur terre et sous terre autant que tu voudras, et toutes les fois que tu désireras quelque chose, tu n'auras qu'à le demander.

Le petit garçon remercia son patron, et quitta la houle.

* * *

Le voilà parti pour chercher un embarquement. Il trouva un capitaine et s'engagea avec lui comme mousse; mais quand il fut à bord, il ne voulait faire qu'à sa tête, et le capitaine, le second et les matelots le battaient à qui mieux mieux.

Le navire sur lequel il était appartenait à des pirates ; ils rencontrèrent en pleine mer un vaisseau chargé de bijoux, d'or et de marchandises riches; ils l'attaquèrent, mirent l'équipage à mort et s'em-

parèrent de toutes les richesses qu'il avait à bord. Un jour que le capitaine avait battu le mousse plus fort qu'à l'ordinaire, celui-ci s'écria :

— Ah! si je peux être à terre je vous dénoncerai!

— Il faut nous défaire de ce garçon-là, dit le capitaine, il nous vendrait et nous ferait couper le cou.

— Oui, oui, disaient les uns, il faut le tuer. Non, répondaient les autres, il faut le jeter à la mer.

Dans les équipages, il y en a toujours quelques-uns qui valent mieux que les autres; un des matelots, qui avait pitié du mousse, dit :

— Voilà un grand tonneau que vous voulez jeter à la mer; mettez l'enfant dedans avec un peu d'eau et des vivres, et rebouchez ensuite le tonneau. L'enfant mourra, mais du moins il aura eu le temps de se revoir.

Ils mirent l'enfant dans le tonneau avec un peu d'eau et de biscuit et le jetèrent à la mer.

***

Quand le mousse fut dans son tonneau qui flottait sur les vagues, il se dit : « S'il passe quelque navire, il me sauvera peut-être, ou bien la mer peut me jeter sur quelque rivage ; je vais tâcher de prolonger ma vie le plus que je pourrai.

Chaque jour il ne mangeait qu'un peu de biscuit, et il le trempait seulement dans l'eau pour faire durer davantage ses provisions. Il y avait déjà plusieurs jours qu'il était dans le tonneau, et comme il ne pouvait ni se changer ni se laver, les poux commençaient à le piquer. En se grattant, il se prit la main dans son cordon :

— Ah! se dit-il, moi qui n'avais pas pensé à mon cordon ! il faut que je voie si vraiment il a du pouvoir. Je vais lui demander de diriger ma route vers le port où va le navire où j'étais, afin que je puisse faire pendre ces méchantes gens. Mais, pensa-t-il, il faut que je sois invisible et ma maison aussi jusqu'à l'arrivée dans le port, car s'ils me voyaient ils me tueraient cette fois.

Aussitôt qu'il eut formé ce désir, voilà le vent qui pousse le tonneau dans le sillage du navire. Les provisions du mousse étaient presque à leur fin, il dit :

— Par la vertu de mon petit cordon, qu'il me soit apporté une bouteille de bon vin et du pain frais.

A l'instant, voilà le pain frais et le vin arrivés; le mousse était bien joyeux. Il fit un bon repas, et toutes les fois qu'il avait envie de quelque chose, il n'avait qu'à le demander.

*
* *

Au bout de deux ou trois jours, il se trouva en vue du port où allait son navire, et comme à ce moment son tonneau surnageait, il entendait les matelots qui se disaient :

— Est-ce que ce n'est pas là le fût où nous avons jeté le mousse?
— Si, si, je le reconnais.

— Il faut tâcher de le rattraper ; car si le maudit mousse est encore dedans, il nous dénoncera.

Ils mirent une embarcation à la mer; mais le petit garçon dit aussitôt :

— Par la vertu de mon petit cordon, que je sois jeté au plein à la minute.

Une grosse vague vint prendre le tonneau, et le posa à sec sur le rivage auprès de la ville. Les gens qui se promenaient disaient :

— Voilà un tonneau que la mer vient d'apporter, il est sans doute vide.

— Non, non, criait le mousse; il y a quelqu'un dedans, prenez garde de me faire du mal.

On alla chercher les autorités de la ville, et quand le tonneau fut défoncé, ils en firent sortir le petit garçon et lui demandèrent qui l'avait mis là, et il le leur raconta :

— Vous voyez bien ce grand navire qui vient d'entrer? c'est un pirate. Le capitaine et les matelots m'ont mis dans ce tonneau parce qu'ils avaient peur que je ne dise qu'ils ont assassiné l'équipage d'un vaisseau et pillé les bijoux, l'or et les riches marchandises qu'il contenait.

On alla fouiller le navire, et comme on y trouva les marchandises volées, les hommes qui étaient à bord furent condamnés à mort par la justice.

* * *

Dans la ville tout le monde criait au miracle, et on ne s'entretenait que de l'aventure du petit mousse. Le roi en entendit parler. Il avait deux filles; mais des fées qui demeuraient sous son Louvre les avaient enlevées, et personne ne pouvait les délivrer. Il se dit : « Si ce petit garçon pouvait arriver jusqu'à mes filles! aucun navire n'a pu en approcher à cause des bêtes féroces. Il faut qu'il vienne me parler. »

On fut chercher le mousse, et le roi lui dit :

— J'ai deux filles qui ont été enlevées par des fées qui voulaient se venger de moi. Elles étaient venues demeurer sous mon Louvre, et elles faisaient de la musique et des danses qui empêchaient tout le monde de dormir. J'ai détruit leur habitation, et je les ai chassées. Mais elles sont venues prendre mes filles et, après les avoir emmorphosées (1) en singes, les ont emmenées dans un château sur une île à l'embouchure d'un fleuve. Elles sont gardées par les bêtes les plus féroces du monde; aucun navire n'a pu en approcher, tous ceux qui ont tenté l'aventure ont été détruits et les équipages dévorés. Ne pourrais-tu les délivrer?

— Quelle récompense me donnerez-vous ? demanda le mousse.

— Tu épouseras celle des deux que tu choisiras ; il y en a une qui se nomme la Fleur Sans Pareille, parce qu'elle est la plus belle, et l'autre, qui est moins jolie que sa sœur, s'appelle Bonté Sans Égale, parce qu'elle est bonne comme le bon pain. Je te donnerai de plus mon royaume.

— Sire, répondit le mousse, je ne garantis pas de parvenir à délivrer vos filles; mais j'essaierai. Faites-moi faire un tonneau, le plus grand que vous pourrez, avec des douves de corne transparente aux deux bouts, afin que mon tonneau soit éclairé; il faudra qu'il y ait sur le dessus un panneau qui ferme bien juste.

Le roi fit venir les meilleurs tonneliers de la ville, et il y en eut plus de cent qui proposèrent des plans pour le tonneau. On choisit celui qui convenait le mieux, et quand il fut terminé, le roi fit venir le mousse et lui dit :

— Regarde-le bien, est-il fait à ton goût?

— Oui, répondit-il.

---

(1) Métamorphosées.

— Tu vas choisir parmi mes sujets un homme pour aller avec toi.

— Non, je ne veux personne ; si je peux délivrer les princesses, j'aurai tout seul la récompense.

Il fit mettre, dans le tonneau, de l'eau, du vin, des vivres, et tout ce qu'il fallait, puis il s'y embarqua et le fit pousser à la mer. Tous les gens de la ville étaient sur le quai pour le voir partir. Dès qu'il sentit que son tonneau flottait, il dit :

— Par la vertu de mon petit cordon, que mon tonneau se dirige vers le château où les deux princesses sont emmorphosées.

Il fit passer par la bonde une petite voile : aussitôt le tonneau se mit à marcher comme le vent, et en un clin d'œil les gens de la ville le perdirent de vue. Au bout de quelques jours, il dit :

— Par la vertu de mon petit cordon, si je suis bientôt auprès du château, que mon tonneau fasse route sous l'eau.

Le cordon lui répondit :

— Tu as encore vingt-quatre heures à naviguer.

— Hé bien ! que le tonneau aille sous l'eau ; car les bêtes féroces sentent de loin, et si elles avaient connaissance de moi, je parviendrais plus difficilement à aborder.

Quand le tonneau fut arrivé au pied du château, il s'arrêta, et le mousse dit :

— Par la vertu de mon petit cordon, qu'il se forme un passage par où je puisse m'introduire dans l'appartement où sont les deux princesses.

Il entendait à travers l'eau les bêtes qui hurlaient et sifflaient à faire trembler. Voilà les murs qui s'ouvrirent et le tonneau s'arrêta sous la chambre où étaient les deux princesses. Le mousse ouvrit son panneau, et entra dans la chambre où il vit deux singes : c'étaient les deux princesses ; mais même sous cette forme, il y en avait une qui était plus jolie que l'autre, c'était la Fleur Sans Pareille.

— Qui vous a amené ici? dit-elle ; depuis que nous sommes en-

fermées, personne n'a encore pu parvenir jusqu'à nous. Vous allez être mangé : les bêtes sifflent et hurlent depuis quelques jours, elles vous sentent.

— Mais, répondit-il, si je suis mangé, vous le serez aussi.

— Non, elles n'ont pas le droit de nous faire du mal.

Bonté Sans Égale ne disait rien, mais elle regardait ; elle dit au mousse :

— Allez-vous m'enlever, moi aussi.

— Oui, répondit-il, et vous serez délivrée la première, Bonté Sans Égale.

Il la mit dans le tonneau, puis il fit entrer sa sœur, et pour ravitailler un peu sa petite soute, il prit les provisions des princesses. Il ferma ensuite son écoutille et ordonna à son tonneau de repartir par sous la mer.

Au bout de quelques jours, quand il fut bien loin et que les bêtes ne pouvaient plus le sentir, il dit :

— Par la vertu de mon petit cordon, si je ne suis plus à la portée des mauvaises bêtes, que le tonneau revienne flotter sur la mer.

Aussitôt le tonneau revint sur l'eau ; il mit sa petite voile et dit :

— Conduis-moi au pied du Louvre du roi.

Ils faisaient bonne chère dans le tonneau où rien ne manquait.

Depuis le départ du mousse, le roi avait mis des guetteurs pour signaler le retour du tonneau ; dès qu'ils l'aperçurent, ils prévinrent le roi, mais ils ne savaient pas s'il amenait les princesses. On tira des coups de canon, et quand le mousse approcha, il passa par la bonde un drapeau sur lequel il avait écrit en grosses lettres : « *J'ai les deux princesses.* »

Alors dans toute la ville, il y eut des réjouissances, et on tira le canon.

Quand le tonneau aborda, les deux princesses en sortirent, le roi ne se sentait pas de joie de les revoir ; mais il était bien contrarié de les voir sous la forme de singes. Le mousse lui dit :

— Si vous voulez, je puis les démorphoser (1).

— Ah ! s'écria le roi, fais-le vite, puisque tu le peux.

Alors il dit : — Par la vertu de mon petit cordon, que les deux princesses soit démorphosées.

Aussitôt elles cessèrent d'être singes, et redevinrent belles comme deux jours.

Le roi dit au mousse :

— Je n'ai qu'une parole ; puisque tu as délivré mes filles, je te

---

(1) Démétamorphoser, rendre à leur première forme.

donne mon royaume, et celle des deux princesses que tu choisiras.

— Sire, répondit le mousse, je les ai gagnées toutes les deux, je les épouserai toutes les deux.

— Je n'ai rien à te refuser, répondit le roi.

Il invita tous ses parents, et tous ses officiers, et ils firent une noce comme jamais on n'en a vu. Ils vécurent heureux depuis, et s'ils ne sont pas morts, je pense qu'ils vivent encore.

Conté en 1880, par Rose Renaud, de Saint-Cast. Elle tient ce récit d'un matelot de Saint=Cast, nommé Plessix.

LA HOULE DU CHATELET

Il y avait une fois à Saint-Cast un laboureur qui s'appelait Marc Bourdais; mais, suivant l'usage du pays, il avait une *signorie* (1), et on le nommait communément le bonhomme Maraud. Un jour qu'il était à charruer auprès de la pointe du Châtelet, il entendit corner,

et le son de la trompe semblait venir de dessous terre. Il dit à son domestique qui touchait les chevaux :

— Entends-tu, gars?

— Oui, répondit-il, c'est le *corne* (2) des fées.

— Crie-leur de nous apporter une gâche de pain.

Le domestique s'arrêta, et cria de toute sa force, mais bien gentiment :

(1) Sobriquet.
(2) La trompette.

— Apportez-nous, s'il vous plaît, une gâche.

Puis il se remit à la besogne, et son maître et lui continuèrent leur sillon commencé ; quand ils l'eurent achevé, ils trouvèrent au bout un beau pain enveloppé dans une serviette bien blanche :

— En mangerons-je, de la gâche aux fées? demanda le bonhomme Maraud.

— Oui, répondit le domestique, elle est trop belle pour ne pas lui faire honneur en la goûtant.

— Commence par l'entamer, toi, dit Maraud ; je ne veux pas en manger le premier.

Ils coupèrent chacun une tranche dans le pain des fées qui était tout beurré, et bon comme un gâteau ; ils le trouvèrent à leur goût, puis ils eurent soif, et crièrent :

— Apportez-nous maintenant à boire, s'il vous plaît.

Aussitôt voilà un pot de cidre et un verre qui se présentent devant eux :

— Ma foi, dit le bonhomme, nous avons goûté à la gâche, et elle était bien bonne ; m'est avis que le cidre ne nous fera point de mal.

Ils remplirent le verre ; le cidre était clair et de belle couleur, et ils déclarèrent tous les deux que jamais ils n'en n'avaient bu d'aussi agréable.

Quand ils revinrent le soir chez eux, ils racontèrent à leurs voisins qu'ils avaient mangé du pain apporté par les fées et qu'ils avaient bu de leur cidre ; mais beaucoup hochaient la tête en les entendant et leur disaient :

— Vous allez en mourir, mes pauvres gens.

Ils ne furent pourtant point malades, et, quelques jours après, ils retournèrent labourer auprès de la pointe du Châtelet. Comme ils y arrivaient, ils sentirent l'odeur de galettes de blé noir toutes chaudes.

— Ah ! dit le bonhomme Maraud ; les fées sont aujourd'hui à faire de la galette; si tu leur en demandais un peu?

— Ma foi, répondit le domestique, priez-les de vous en donner, j'ai peur de les ennuyer.

Le bonhomme, qui était un vieux farceur, se mit à crier :

— Apporte-moi de la galette ; et il m'en faut de la meilleure !

Quand ils furent rendus au bout du sillon qu'ils traçaient, ils trouvèrent deux galettes de belle apparence.

— Nous allons les manger, dit le bonhomme, elles ont une mine qui fait plaisir à voir.

Mais, quand ils les coupèrent, ils s'aperçurent qu'elles étaient remplies de poils, que les fées y avaient mis parce que Maraud ne leur avait pas parlé poliment :

— Vieille sorcière, s'écria le bonhomme ; si tu te moques de moi, j'en ai autant à ton service ; viens prendre ta galette et la remporte.

Ils commencèrent un autre sillon, et, quand il fut achevé, les galettes remplies de poils avaient disparu.

*
* *

Il y avait au village de la Baillie une femme qui était restée veuve avec sept enfants, et elle avait bien du mal à leur gagner du pain. Elle entendit parler de ce qui était arrivé au bonhomme Maraud ;

et elle y songeait souvent. Un jour qu'elle était sur la grève à ramasser des *coques* (1), elle pensait en elle-même :

— Comment ferais-je bien pour empêcher mes pauvres enfants de mourir de faim ? Si j'allais à la Houle des fées, peut-être qu'elles

(1) Bucardes comestibles.

me donneraient du pain ; elles en ont déjà donné à d'autres qui n'en avaient pas aussi besoin que moi.

Quand elle eut rempli son sac de coques, elle le posa sur un rocher et courut à l'entrée de la houle où elle frappa. Elle vit venir une vieille portière qui tenait à la main un trousseau de clefs ; elle était couverte de *bernis* (1) et de moules, et était moussue comme un rocher : elle paraissait avoir plus de mille ans.

— Que veux-tu, ma pauvre femme ? lui demanda-t-elle.

— Un peu de pain, s'il vous plaît, pour mes petits enfants.

— Je ne suis pas la maîtresse ici, répondit la vieille, je ne suis

que portière, et il y a plus de cent ans que j'y demeure ; mais reviens demain, je te promets de parler pour toi.

La femme s'en retourna ; elle alla à Matignon vendre ses coques, et en retira assez d'argent pour donner à souper à toute sa maisonnée.

Le lendemain, elle revint à la grève, et, quand elle y eut ramassé autant de coques que la veille, elle se présenta à l'entrée de la houle, où elle vit la vieille portière :

(1) Patelles.

— Hé bien, Madame, lui dit-elle, avez-vous parlé pour moi?

— Oui, répondit-elle, voici une tourte de pain que je te donne et celle qui te l'envoie veut te parler.

— Menez-moi à elle, dit la pêcheuse, je serai bien aise de la remercier.

— Pas aujourd'hui, répondit la vieille portière des fées ; mais reviens demain à la même heure et tu la verras.

En donnant le pain à la pêcheuse, la fée ne lui avait pas défendu d'en parler, et ne lui avait pas recommandé de ne le partager avec personne. Aussi, en rentrant à son village, la femme rencontra ses voisines, et, toute joyeuse, elle le leur montra.

— Regardez, dit-elle, la belle gâche de pain que m'ont donnée les fées !

Le soir, tous les gens de la Baillie vinrent la voir, et comme chacun voulait goûter le pain, il ne dura pas longtemps.

Le lendemain la femme n'alla pas ramasser de coques, pensant que les fées lui feraient un autre présent. A la même heure que la veille, elle retourna à la grotte : la vieille portière qui avait sur le dos des bernis et des moules lui ouvrit la porte, et aussitôt parut une belle dame qui lui dit :

— Hé bien ! femme, as-tu trouvé mon pain à ton goût ?

— Oui, Madame, et je vous en remercie de tout mon cœur.

— Il n'a pas duré longtemps, dit la fée.

— C'est vrai ; tous les enfants et les voisins en ont goûté, et il a été vite fini.

— Je vais t'en donner un autre, dit la fée, mais il faudra bien le cacher, dès que tu seras rentrée, afin que personne n'en ait connaissance ; s'il n'y a que ceux de ta maison à en manger, il ne diminuera point et restera toujours frais ; mais prends bien garde d'en couper le moindre morceau pour un étranger, car il disparaîtrait comme celui d'hier. J'ai quatre vaches, et j'ai besoin d'une pâtoure pour les mener aux champs : promets-moi qu'une de tes filles viendra les garder tous les jours, et rien ne te manquera.

— Mais, Madame, lui demanda la femme, où sont vos vaches ? je ne les ai jamais vues. Où l'enfant ira-t-elle les prendre ?

— Elle se rendra tous les matins, à huit heures, dans un champ où elle les gardera toute la journée, et le soir on viendra les chercher.

A partir du lendemain, l'aînée des filles de la veuve, qui avait douze ans, venait tous les matins prendre les vaches des fées ; elles pâturaient, tantôt dans un champ, tantôt dans un autre, et quand les voisins voyaient la petite fille assise une gaule à la main sur l'herbe des forières (1), ou se lever pour crier après son troupeau, ils lui disaient :

— Que fais-tu là, petite ?

(1) Espace non cultivé entre les talus plantés d'arbres et la partie ensemencée des champs.

— Je garde les vaches des fées, répondait-elle.

— Les vaches des fées? où sont-elles donc! on ne les voit point.

Ils en riaient, et pensaient qu'elle était devenue innocente. Mais

elle continuait à garder son troupeau, et tous les jours à l'heure des repas les fées lui apportaient à manger.

***

Un soir, la belle dame de la houle vint elle-même chercher les vaches et elle dit à la petite pâtoure :

— Serais-tu contente d'être la marraine de mon enfant ?

— Ah ! oui, Madame, répondit la jeune fille.

— N'en parle à personne, pas même à ta mère : si tu bavardais, je ne t'apporterais plus à manger ici ; je t'avertirai quand il faudra venir.

La petite fille se garda bien de dire à ses parents qu'elle avait vu la fée, et elle continua à aller aux champs comme de coutume. Quelque temps après, une des fées vint lui dire de se préparer à venir nommer l'enfant.

— A quelle heure faudra-t-il aller ? demanda la fille.

— Demain, tu n'auras pas à garder tes vaches ; tu arriveras ici à midi, et on viendra te chercher.

La pâtoure était une petite fille jolie comme tout ; elle s'arrangea de son mieux, et le lendemain à midi, quand elle se présenta à la porte de la houle, elle se recula en voyant la vieille portière qui avait sur le dos des bernis et des moules ; mais la vieille lui dit :

— N'aie pas peur, mon enfant; laisse-toi conduire par moi, je ne te ferai pas de mal.

Mais comme la pâtoure n'osait avancer, une autre fée, qui était jeune et jolie, vint la prendre par la main, et la fit entrer dans la houle.

Elle fut marraine d'une petite fille, et quand elle sortit de la houle, sa filleule était déjà grande; elle croyait n'y être restée que deux jours, et elle y était demeurée dix ans.

Ses parents avaient cru qu'elle était tombée des falaises ou qu'elle s'était noyée; mais ils l'avaient cherchée partout sans trouver d'elle aucune trace.

Les fées avaient demandé à sa mère une autre de ses filles pour garder leurs vaches, et c'était elle qui était pâtoure à la place de sa sœur.

Quand la jeune fille sortit de la houle, elle retourna à la Baillie. En la voyant, sa mère lui dit :

— D'où viens-tu, malheureuse ? nous te croyions noyée.

— Ne me grondez pas, répondit-elle, je suis partie il y a deux jours pour nommer l'enfant de la dame pour qui je garde les vaches, et je suis revenue dès que j'ai pu.

— Depuis deux jours! s'écria la mère, tu as été dix ans. Regarde comme tu es grande à présent.

La jeune fille se regarda et vit qu'elle était devenue femme; ses frères et ses sœurs, qui étaient tout petits quand elle était partie, avaient si grandi et si changé, qu'elle avait peine à les reconnaître.

Elle se mit à tricoter une paire de bas pour sa filleule, et, quand elle l'eut terminée, elle alla la porter à la houle. La vieille fée qui avait sur le dos des bernis et des moules vint lui ouvrir, et elle resta encore cinq ans avec les fées, pensant n'avoir passé qu'un jour avec elles.

Quand elle voulut s'en aller, sa filleule lui donna une bourse, et lui dit :

— Ma marraine, voici une bourse dont je vous fais présent pour vous souvenir de moi; elle est pleine d'or : à chaque fois que vous y prendrez une pièce, il en viendra une autre à la place; mais si un autre que vous puisait dans la bourse, elle perdrait aussitôt toute sa vertu.

Lorsque la jeune fille revint à la Baillie, sa mère était morte depuis longtemps, ses frères étaient embarqués, et ses sœurs avaient quitté le village pour entrer en service ou se marier, et elle resta seule à la maison.

Comme elle était jolie et avenante, il ne manqua pas de galants pour lui faire la cour, et elle en choisit un pour se marier avec lui. Elle ne put s'empêcher de lui parler de la bourse que les fées lui avaient donnée, mais, dès qu'il y eut pris une pièce d'or, elle s'épuisa comme une bourse ordinaire.

Et je ne sais pas si la jeune fille est depuis retournée voir les fées de la Houle du Châtelet.

Conté en 1880, par Rachel Quémat, femme Durand, de Saint-Cast, âgée de 55 ans environ.

La Houle (grotte) du Châtelet est dans la baie de la Fresnaye, un peu au-dessus du petit port de la Ville-Norme, et à peu de distance de la Houle de la Corbière.

Elle eut peur et se recula. (Page 102.)

LES PETITES COUDÉES

Il était une fois un roi et une reine qui avaient deux filles : l'une se nommait Aurore et l'autre Crépuscule. Aurore, qui était la plus jolie, avait toutes les préférences de ses parents et ils l'aimaient bien mieux que sa sœur.

Quand les deux princesses furent grandes et en âge de se marier, le roi et la reine donnèrent un bal magnifique où furent invités tous les princes et les seigneurs des environs. Au commencement de la soirée tous les jeunes gens demandaient à danser avec Aurore parce qu'elle était la plus belle ; comme elle n'était

point aimable, ils ne dansaient qu'une fois avec elle ; mais ils ne pouvaient se lasser de la société de Crépuscule, qui avait tant de grâce et d'esprit qu'à la fin du bal chacun s'empressait autour d'elle, et la belle Aurore restait presque seule.

Le roi fut fâché de cette préférence, et il résolut de se débarrasser cette nuit même de Crépuscule, afin que ses galants fussent obligés de courtiser Aurore. A la fin du bal, il la fit venir et lui dit :

— Ma fille, vous allez partir à l'instant pour aller voir votre marraine la fée.

— Mais, mon père, répondit-elle ; il est nuit noire, je vais avoir peur toute seule par les chemins, et je suis lassée. Permettez-moi d'attendre à demain.

— Non, dit le roi, il faut que vous partiez tout de suite ; je vais vous donner pour la route un panier de provisions, et un de mes écuyers vous escortera.

Crépuscule monta à cheval, et l'écuyer l'accompagna.

Quand ils eurent fait un bon bout de chemin, Crépuscule qui était fatiguée d'avoir dansé, dit à son conducteur :

— Je voudrais bien dormir un peu, car je n'en puis plus.

Elle descendit de cheval, et comme ils étaient dans une forêt, l'écuyer ramassa de la mousse pour faire un lit à la princesse, et il mit sous sa tête le panier aux provisions pour lui servir d'oreiller.

Quand elle fut bien endormie, l'écuyer, auquel le roi avait ordonné d'égarer sa fille, monta à cheval et s'enfuit au galop.

En se réveillant, Crépuscule fut bien surprise de se trouver seule au milieu de la forêt ; elle appela son conducteur, mais il était bien loin et ne pouvait entendre ses cris. Pendant toute la journée elle essaya de retrouver sa route, mais le soir arriva avant qu'elle fût parvenue à sortir de la forêt. Quand elle avait faim, elle mangeait

les provisions de son panier, et à la tombée de la nuit, elle monta dans un arbre pour voir si elle n'apercevrait pas quelque lumière ; mais elle ne vit rien, et, de peur des bêtes féroces, elle resta dans l'arbre jusqu'au jour.

Le lendemain elle marcha encore pour essayer de sortir de la forêt, mais elle ne put en trouver le bout; au soir elle monta de nouveau dans un arbre pour tâcher de découvrir au loin quelque lumière ; mais elle n'en vit point, et, plus désolée encore que la veille, elle passa la nuit sur l'arbre.

*
* *

En s'éveillant le matin, elle aperçut tout au loin quelque chose qui brillait ; elle prit son panier et se mit en route ; plus elle approchait, plus cela devenait brillant ; cela paraissait comme un feu d'artifice de toutes couleurs et si éclatant qu'elle avait peine à le regarder.

Elle finit par arriver auprès d'un beau château en cristal ; elle resta émerveillée à le considérer et elle s'écria :

— Ah ! le beau château !

Elle frappa à la porte ; mais personne ne vint lui ouvrir ; elle frappa une seconde fois et ne vit rien ; mais la troisième fois elle entendit un petit bruit et de petites voix qui parlaient comme une musique.

A travers la porte de cristal, elle vit venir douze petites Coudées, — c'étaient de mignonnes petites personnes qui n'étaient pas plus hautes que le coude. Six petites Coudées soulevèrent la clanche (1) et six autres tirèrent la porte en dedans pour l'ouvrir.

— Laissez-moi entrer dans votre château, leur dit Crépuscule ; je suis la fille d'un roi, et je me suis égarée dans la forêt.

— Entrez, répondirent les petites Coudées, et venez demander à notre maîtresse la permission de rester chez elle.

Elles lui firent traverser une longue suite d'appartements, et l'a-

---

(1) Le loquet.

menèrent devant leur maîtresse; c'était une belle Chatte blanche qui lui dit :

— Je veux bien vous recevoir dans mon château, mais à la condition que vous ne chercherez pas à en sortir et que jamais vous ne me désobéirez.

— Je le promets, répondit Crépuscule.

La Chatte blanche, qui pensait que la princesse devait avoir faim, donna l'ordre de servir un repas, et les petites Coudées allè-

rent chercher tout ce qu'il fallait pour manger : il y en avait quatre qui soutenaient un plat sur leurs épaules, trois qui portaient une bouteille de vin, et deux qui apportaient un verre. Et auprès de la Chatte blanche, il y avait beaucoup d'autres petites Coudées qui attendaient ses ordres.

Crépuscule se mit à table, et quand elle eut mangé tout à son aise, la Chatte blanche lui demanda si elle se trouvait bien.

— Ah ! oui, Madame, répondit-elle.

— Hé bien, tous les jours vous serez servie ainsi ; maintenant, je vais vous montrer mon jardin.

Elle la conduisit dans un vaste enclos où se trouvaient les

arbres les plus beaux qu'on pût voir et des fleurs de toute espèce :

— Vous voyez, dit la Chatte blanche, que mon jardin est grand ; vous pourrez vous promener partout à votre guise et y cueillir des fleurs et des fruits ; seulement je vous défends d'ap-

procher de la pièce d'eau qu'on voit là-bas. Si vous me désobéissiez, je le saurais, et vous ne tarderiez pas à vous en repentir.

Crépuscule assura qu'elle s'en garderait bien, et tous les jours elle se promenait dans le jardin.

⁎⁎⁎

Parfois pourtant elle ne pouvait s'empêcher de regarder du côté de la pièce d'eau, et la pensée même que c'était un endroit interdit lui donnait envie d'y aller ; mais elle n'osait.

Un jour que la Chatte blanche était en voyage, Crépuscule descendit au jardin suivant sa coutume, et en s'y promenant, elle se trouva, sans trop y avoir pensé, à peu de distance de la pièce d'eau.

— Ah! se dit-elle, je vais la voir aujourd'hui puisque j'en suis si près; il n'y a ici que les petites Coudées qui sont occupées dans le château, et la Chatte blanche n'en saura rien.

Elle s'approcha de la pièce d'eau, et dès qu'elle fut sur le bord elle vit des feuilles de nénuphar qui remuaient; un serpent vert sortit de l'eau et vint se mettre à côté d'elle.

Elle eut peur et se recula; mais le Serpent lui dit d'une voix douce :

— Belle princesse, avez-vous peur de moi ? Soyez sans crainte, je ne vous ferai point de mal. Je vous en prie, ne vous en allez pas et restez à me parler : il y a si longtemps que je n'ai pu causer avec personne !

Crépuscule fut rassurée par ces paroles : elle resta, et même longtemps, à parler avec le Serpent. Elle s'aperçut enfin qu'il était temps de partir, et elle lui dit :

— Adieu, Serpent vert, il faut que je rentre; je ne suis que trop restée avec vous.

Le Serpent la supplia de revenir une autre fois, et quand elle eut disparu, il se replongea dans son étang.

Au moment où Crépuscule rentrait au château de cristal, la Chatte blanche se montra devant elle :

— D'où venez-vous, mademoiselle ? lui demanda-t-elle.

— De me promener dans le jardin, répondit Crépuscule.

— Oui, dit la Chatte blanche, vous venez du jardin; mais, malgré ma défense, vous êtes allée sur le bord de la pièce d'eau. Pour votre punition on va vous plonger dans un bain de lait bouillant.

Aussitôt les petites Coudées accoururent; en un clin d'œil elles déshabillèrent la pauvre Crépuscule, et la mirent dans un bain de lait bouillant qui la cuisit bien fort ; mais elles ne l'y laissèrent pas longtemps, et quand elle en fut retirée, elles la soignèrent de leur mieux et elle ne tarda pas à être guérie.

Crépuscule avait de nouveau promis à la Chatte blanche de ne plus retourner à l'étang ; mais malgré elle, elle pensait souvent au Serpent vert ; un jour que la Chatte blanche n'était pas au château, elle ne put résister à l'envie de le revoir, et elle alla sur le bord de

la pièce d'eau. Elle vit le Serpent vert qui était étendu sur l'herbe ; il avait bien maigri, et il lui dit d'une voix dolente :

— Belle princesse, je croyais que vous m'aviez abandonné, et j'en avais bien du chagrin.

— Non, répondit Crépuscule, je pensais souvent à vous, mais j'ai été si punie de vous avoir vu que je n'osais revenir.

Elle s'oublia encore à causer avec le serpent, et quand elle rentra au château, la Chatte blanche se présenta devant elle, et lui dit d'une voix irritée :

— Vous m'avez encore désobéi, malgré vos promesses ; cette fois-ci vous allez être plongée dans de l'huile bouillante.

Les petites Coudées déshabillèrent Crépuscule et la mirent jusqu'au cou dans un bain d'huile bouillante, puis elles la portèrent dans sa chambre et la soignèrent de leur mieux.

Cette fois elle fut longtemps à se guérir : un jour qu'elle était seule, elle entendit un frôlement, et elle vit paraître devant elle le Serpent vert, plus maigre encore que d'habitude.

— Je suis bien malade, lui dit-il, mais si vous vouliez m'épouser, je guérirais.

Crépuscule aimait bien le Serpent vert, mais elle ne pouvait se décider à le prendre pour mari.

Tous les jours il venait la voir et lui demandait si elle consentait à l'épouser ; mais tous les jours elle refusait.

Il finit par ne plus venir, car il était trop malade pour se traîner jusqu'au château. Alors Crépuscule, qui était guérie, se décida à retourner au bord de la pièce d'eau, malgré les menaces que la Chatte blanche lui avait faites. Elle vit son pauvre Serpent vert qui était mourant et pouvait à peine remuer ; elle eut tant de pitié de le trouver en cet état qu'elle lui dit :

— Je vous épouserai quand vous voudrez, si cela peut vous guérir.

Aussitôt le Serpent vert cessa d'être malade ; Crépuscule revint au château, tremblant d'être punie ; mais quand la Chatte blanche la vit, elle ne lui adressa pas même un reproche.

*
**

La Chatte blanche ordonna aux petites Coudées de tout préparer pour la noce. Il y en avait des centaines, hommes et femmes, dans le château de cristal, et elles s'y employèrent de leur mieux.

On invita beaucoup de monde, des rois et des reines et parmi eux les parents de Crépuscule et la belle Aurore. Le jour du mariage Crépuscule avait une robe couleur de la voûte du ciel et une couronne d'étoiles que le Serpent lui avait donnée. Elle se mit en route dans ce beau costume pour se rendre à la chapelle, et le Serpent vert rampait à côté d'elle. Tous les invités disaient :

— Quel dommage qu'une aussi belle princesse ait un serpent pour mari !

Cependant, on entra à la chapelle, et l'évêque qui devait bénir le mariage demanda au Serpent s'il consentait à épouser la princesse ; Il s'empressa de dire oui. L'évêque demanda ensuite à Crépuscule si elle voulait prendre le Serpent vert pour son légitime époux.

— Oui, répondit-elle.

Dès qu'elle eut prononcé cette parole, au lieu du Serpent qui était à ses côtés, se montra le plus beau prince que l'on pût voir ;

les petites Coudées qui assistaient au mariage reprirent aussitôt leur taille naturelle, et la Chatte blanche devint une belle princesse.

Elle avait été métamorphosée en même temps que les petites Coudées qui étaient des seigneurs et des dames, et le Serpent vert était un roi puissant qu'une fée avait condamné à rester sous cette forme jusqu'à ce qu'il eût trouvé une jeune fille qui voulût bien se marier avec lui.

Il y eut de grandes réjouissances au château de cristal, des repas superbes et un bal où chacun se divertit et dansa de son mieux.

La belle Aurore trouva un mari parmi les princes qui avaient été métamorphosés en petites Coudées ; tout le monde fut content, et Crépuscule et son mari n'eurent que du bonheur jusqu'à la fin de leurs jours.

<small>Conté en 1880, par madame veuve Louis Texier, de Loudéac, qui dans son enfance a entendu conter les *petites Coudées* à sa bonne, paysanne illettrée des environs de Trévé, partie française des Côtes-du-Nord.</small>

Ah! papa, me voici pourtant avec vous. (Page 109.)

LE PILOTE DE BOULOGNE

Il y avait autrefois un vieux pilote retraité qui habitait Boulogne avec sa femme et son jeune fils.

Comme sa retraite n'était pas des plus grosses, il acheta une petite barque dans laquelle il allait tous les jours pêcher. Quand il faisait beau, le petit garçon qui avait sept ou huit ans priait souvent son père de l'emmener avec lui en mer; mais le vieux marin ne voulait pas parce qu'il n'avait que cet enfant. Celui-ci, qui grillait d'envie d'aller se promener sur mer, se cacha un jour parmi les cordages et les voiles, et quand le bateau fut un peu éloigné du port, il sortit de sa retraite en disant d'un air joyeux :

— Ah! papa, me voici pourtant à la pêche avec vous.

Comme le bateau arrivait sur les parages où se trouvait le poisson, le vieux pilote aperçut un navire qui arborait pavillon pour demander quelqu'un pour l'entrer dans le port. La barque se dirigea vers le navire, et quand elle fut auprès, les gens de l'équipage lui demandèrent s'il était pilote :

— Je l'ai été, dit-il; je suis maintenant en retraite, mais je puis vous conduire.

Il monta à bord avec son fils. Le vaisseau venait du royaume de Naz, et d'après les ordres du roi de ce pays il devait ramener un jeune Français pour l'élever et lui faire ensuite épouser la fille du roi.

Quand ceux qui étaient chargés de cette mission virent le fils du pilote, qui était un bel enfant à la mine éveillée et intelligente, ils se dirent : « Voici notre affaire ; il est inutile d'aller plus loin. »

Ils donnèrent à boire et à manger au pilote, puis lui dirent qu'il pouvait descendre dans sa barque, et qu'on n'avait plus besoin de lui. Quand il fut dans son bateau, il demanda son fils, mais les gens du navire déclarèrent qu'ils allaient le garder, et le vaisseau s'éloigna à toutes voiles, laissant le malheureux père se désoler de la perte de son unique enfant.

*
* *

Le vaisseau arriva à la capitale du royaume de Naz : il salua la ville en tirant vingt et un coups de canon, et la ville répondit par une salve pareille. Le petit Français fut mené à la cour et le roi fut charmé de sa gentillesse. Il le fit élever avec soin, comme s'il eût été son propre fils, et lorsqu'il eut atteint l'âge de dix-huit ans, il le maria à sa fille qui avait aussi dix-huit ans.

Quand le fils du pilote se vit dans l'abondance et la richesse, il songea à ses vieux parents.

— Ils n'étaient pas bien riches lorsque je les ai quittés, je serais content de les revoir et de les mettre à l'aise sur leurs vieux jours.

Il fit part à sa femme de son désir ; elle le trouva fort naturel, et elle dit qu'elle voulait l'accompagner dans son voyage. Dans le royaume de Naz, les filles et les femmes sont toujours voilées et les maris ne voient la figure de leur femme que lorsqu'elles sont devenues mères. Quand l'époux de la princesse alla demander à son beau-père la permission d'aller à Boulogne, le roi avant d'y consentir fit jurer à son gendre de ne pas chercher à voir la figure de sa femme pendant le voyage, en lui disant que s'il avait le malheur de violer son serment, il le saurait et l'en punirait durement.

Voilà la princesse et son mari qui s'embarquent, et qui arrivent en peu de temps devant Boulogne ; le vaisseau salua le port en tirant vingt et un coups de canon, et quand la douane vint à bord on dit aux employés que le prince et la princesse de Naz venaient pour se promener en France. Ils quittèrent le navire montés sur un petit sloop en argent, et quand ils débarquèrent, ils trouvèrent sur le port le préfet, le maire et les autorités qui venaient les recevoir et leur offrir pour les loger les plus beaux appartements de la ville.

Pendant que le mari de la princesse était entouré de ce brillant cortège, il aperçut auprès d'un vieux mur un homme âgé, vêtu d'une vareuse usée et rapiécée, et il reconnut son père. Aussitôt, il quitta sa belle compagnie et vint demander au vieillard des nouvelles de sa santé. Le pilote fut bien surpris de voir un homme vêtu de soie et couvert de diamants, s'informer de la santé d'un pauvre homme comme lui.

— Vous ne me reconnaissez donc pas ? dit le prince.

— Non, monsieur, répondit le vieillard.

— Je suis votre fils, qui fut enlevé en mer par un navire du roi de Naz, et je me suis marié avec la princesse de ce pays. Et ma mère?

— Elle est à la maison, bien vieille et bien pauvre.

— Consolez-vous, mon père, je suis venu ici tout exprès pour vous mettre à l'aise sur vos vieux jours.

Alors il retourna auprès des autorités, et leur dit qu'il irait demeurer chez le vieux pilote, et il y resta trois semaines.

Un jour sa mère lui dit :

— Mon fils, il faut que je te fasse part d'une chose qui m'étonne bien : on ne voit jamais la figure de ta femme.

— C'est l'usage du pays : les maris ne voient leurs femmes sans voile que lorsqu'elles sont devenues mères, et, avant de partir, j'ai juré à mon beau-père de respecter cette coutume.

— Si j'étais à ta place, dit-elle, je voudrais savoir si j'ai épousé une belle personne ou un laideron : en t'y prenant adroitement, ton beau-père n'en saura rien.

Le fils du pilote raconta à sa femme ce que lui avait dit sa mère :

— Je veux bien, dit-elle, mais j'ai peur que mon père, qui est l'ami de tous les magiciens du pays, ne vienne à s'en apercevoir ; car il te priverait de tous tes grades, et se vengerait cruellement.

La princesse ôta son voile, et comme son mari approchait la chandelle pour voir mieux la figure de sa femme, il lui laissa tomber sur la joue une flammèche qui la brûla.

— Ah! s'écria la princesse, voilà ce que je craignais ; nous sommes perdus!

Le vaisseau quitta Boulogne, et revint à Naz, et quand le prince fut descendu à terre, le roi lui dit :

— Avez-vous désobéi à mes ordres?

— Non.

— Je vais m'en assurer, et malheur à vous si vous avez violé votre serment.

Il appela sa fille et lui dit :

— Ton mari a-t-il dévoilé ta figure ?

— Non, mon père.

— Ne me mens pas, car je saurai si tu ne dis pas la vérité, et toi aussi tu seras punie.

Elle leva son voile, et il n'aperçut d'abord rien ; mais il mit ses lunettes et, ayant vu la brûlure, il entra dans une colère épouvantable.

— Malheureuse! s'écria-t-il, ôte-toi de devant mes yeux et n'y reparais jamais.

Il envoya ses domestiques chercher ses magiciens, ses fées et ses sorciers, et quand ils furent arrivés, il leur dit de rendre son gendre le plus difforme des hommes.

L'un des sorciers dit :

— Il sera borgne d'un œil et louchera de l'autre.

— Sa bouche sera fendue jusqu'aux oreilles, commanda un autre.

— Qu'il soit bossu par devant et par derrière.

— Je lui souhaite un nez comme jamais on n'en a vu.

— Moi, je vais lui tourner la tête du côté du dos.

— Qu'il soit boiteux et que l'un de ses pieds se tourne en dedans et l'autre en dehors.

A mesure que les magiciens prononçaient les paroles, ces changements s'accomplissaient, et quand chacun eut parlé, le pauvre

garçon était bien l'être le plus difforme que l'on pût voir. Le roi ne borna pas là sa vengeance, et il ordonna à ses soldats de le chasser comme un gueux.

*
* *

Le pauvre fils du pilote ne marchait pas facilement depuis qu'il était devenu difforme; après avoir voyagé quelque temps, il arriva à une petite cabane où était une vieille femme à laquelle il souhaita le bonjour. C'était une fée qui n'avait point été invitée à la conjuration.

— N'êtes-vous pas le gendre du roi ? dit-elle.

— Hélas ! oui.

— On vous a bien arrangé ; mais heureusement j'ai encore la clé de mon cabinet.

Elle alla y prendre sa baguette, et dit :

— J'ai appris votre mésaventure par ma voisine qui est venue ce matin chercher du feu, et je me suis promis, si je vous voyais, de vous ôter la moitié de vos maux.

Elle le toucha de sa baguette ; aussitôt il vit des deux yeux, sa bouche diminua de moitié ainsi que son nez, il n'eut plus qu'une bosse, sa tête ne fut plus tournée sens devant derrière, mais seulement en côté, et il cessa de boiter.

La fée lui remit ensuite une lettre pour sa voisine, où elle la priait de le rendre encore plus bel homme qu'auparavant. Il remercia de son mieux la vieille fée, et partit bien plus content que lorsqu'il était arrivé.

Quand il fut à la maison de la voisine, il lui remit la lettre en disant :

— Bonjour, madame Margot.

— Ah ! répondit-elle, c'est vous qui êtes le gendre du roi ; je vais achever ce que ma commère a commencé.

Elle prit sa baguette, et souhaita que le jeune garçon eût le corps droit et la figure bien faite, ce qui s'accomplit à l'instant, puis elle lui dit :

— Prenez bon courage ; vous désirez sans doute retourner chez votre femme : voici une boule que je vous donne, elle marchera devant vous, et vous montrera la route qu'il faut suivre. Voici une épée qui tuera tous ceux qui voudraient vous arrêter, et une autre qui vous préservera des animaux féroces.

Elle lui donna encore du pain et de la viande, et l'avertit des dangers qu'il devait trouver sur son chemin.

Il remercia la fée de son mieux, et en suivant la boule, il arriva dans une forêt. Il y marchait depuis une heure quand il aperçut un lion couché dans le sentier ; plus loin était un ours, et derrière lui un léopard. La boule passa sur les bêtes qui s'éveillèrent en grondant. Il donna au lion la moitié de son pain, le reste à l'ours, et sa viande au léopard, et ils le laissèrent passer.

La bonne femme Margot lui avait dit qu'au milieu de la forêt, il aurait vu un château vers le soir, avec un feu allumé, une table servie et des lumières, mais qu'il n'apercevrait aucun habitant.

La boule entra dans la cour, monta le perron, et devant elle la porte s'ouvrit : il entra à sa suite et se chauffa, puis il se mit à table, et vit une main qui lui servait à boire et à manger. Il alla ensuite se coucher dans un bon lit, et le lendemain matin, quand il s'éveilla, son déjeuner était prêt.

Quand il fut sur le point de partir, il vit des jeunes filles habillées de blanc qui se mirent sur son passage.

— Voulez-vous danser ? dit la première.

— Non, répondit-il d'un ton ferme, car la bonne femme Margot l'avait prévenu de tout ce qu'il avait à faire.

— Dansez un peu avec moi, dit la seconde.

— Non.

— Voulez-vous venir danser ? demanda la troisième.

— Non, répondit-il doucement.

En s'en allant, la troisième jeune fille laissa tomber dans l'escalier une de ses pantoufles de verre ; il la ramassa, et la demoiselle se retourna en disant :

— Quand vous aurez besoin de moi, dites en prenant la pantoufle : « Belle fille, à moi, » et je serai à votre service.

Il marcha encore à la suite de la boule, et vit sur sa route trois grands fantômes :

— Où vas-tu, petit ver de terre, poussière de mes mains ? s'écria le plus grand d'une voix terrible.

Le fils du pilote prit sa pantoufle et dit :

— Belle fille, à moi !

— Que désires-tu pour ton service ? dit la Belle fille.

— Que ces fantômes s'en aillent en poussière et en vent.

Cela s'accomplit à l'instant ; il marcha longtemps encore et arriva à Boulogne où il retrouva ses parents ; mais il reprocha à sa mère de lui avoir donné un mauvais conseil, qui avait été cause de tous ses malheurs.

Comme il avait laissé à ses parents une somme ronde, il acheta un navire, puis il appela la Belle fille.

— Belle fille, dit-il, je voudrais me venger de mon beau-père qui m'a traité cruellement : comment faire ?

— Prenez avec vous vingt-neuf matelots et allez hardiment : je me charge du reste.

Quand le navire arriva devant la capitale du royaume de Naz, il tira une salve de coups de canon, et les officiers du port vinrent demander ce que voulait le vaisseau.

— Je veux la ville, dit le fils du pilote.

On rapporta ces paroles au roi qui se mit à rire et dit à ses officiers :

— Dites-lui de choisir s'il veut que son navire soit coulé aujourd'hui ou demain.

— Demain je serai dans la place, répondit le fils du pilote.

— Qui êtes-vous ?

— Le gendre du roi, et je veux ma femme.

Le roi, très en colère, ordonna de couler le navire, et assembla

de nombreux soldats ; mais à chaque coup que les soldats du roi voulaient tirer, ils éternuaient violemment et ne pouvaient ajuster. Le fils du pilote passa à travers la troupe sans éprouver aucun mal, et arriva jusqu'au roi qu'il tua d'un coup d'épée.

Il retrouva ensuite sa femme, et en signe de réjouissance ils firent une belle noce : il y avait des barriques de vin à tous les coins de rues, des cochons rôtis qui couraient par les rues avec la fourchette sur le dos, du poivre et du sel dans les oreilles et la moutarde sous la queue, et qui voulait en coupait un morceau.

J'étais chargé de faire la sauce, mais j'eus la sottise d'y goûter et l'on me mit dehors ; alors je m'en allai par sur le pont de Gouédi (1), et voilà le conte fini.

Conté en 1879 au château de la Saudraie, par Joseph André, de Tréby, couturier et chantre.

(1) Le pont de Gouédi ou Gouédic est un des ponts de Saint-Brieuc.

Le chef des Corsaires fut changé en un gros chat noir. (Page 126).

JEAN DES MERVEILLES

Il était une fois un petit garçon qui n'avait plus ni père ni mère, rien que sa vieille grand'mère. Elle n'était pas bien riche, mais elle l'éleva tout de même de son mieux. Elle l'envoya à l'école quand il fut en âge d'y aller; il y apprenait tout ce qu'il voulait, car il avait bonne volonté; c'était le modèle de la classe, et il écrivait aussi bien que son maître.

Un jour qu'il y avait une assemblée dans un bourg des environs, sa grand'mère lui dit d'y aller se divertir avec les autres, et elle lui donna des pièces de deux sous pour acheter ce qui lui plairait.

Il se mit en route avec ses camarades; à un moment où il s'était un peu éloigné des autres, ils virent sur le bord du chemin une pauvre vieille bonne femme qui était assise sur la banquette et avait l'air d'une chercheuse de pain; mais, au lieu d'avoir pitié d'elle, les petits garçons se mirent à l'appeler sorcière et à lui jeter de la boue, si bien que la vieille ne savait où se fourrer.

En accourant pour rejoindre les autres, Jean vit ce qu'ils faisaient.

— N'avez-vous pas honte, s'écria-t-il, de jeter de la boue à une personne qui ne vous dit rien? Laissez-la tranquille, ou vous aurez affaire à moi.

Il aida la vieille à se relever et lui dit :

— Ils vous ont fait mal, pauvre vieille grand'mère?

— Oui, répondit-elle; toi, tu es meilleur qu'eux, tu seras récompensé et eux punis.

Le voilà qui continue sa route avec les autres ; en arrivant à l'assemblée, ils rencontrèrent une marchande de fruits et ils lui ache-

tèrent des noix qu'ils se mirent à manger. Jean en ouvrit une avec son couteau, et quand il eut tiré ce qu'il y avait dans la coque, il la jeta.

— Que fais-tu? dit la marchande; tu jettes ta coque de noix?

— Oui, répondit-il; j'ai mangé ce qu'il y avait dedans et elle n'est plus bonne à rien.

— Ramasse-la, dit la marchande, tu pourras lui commander ce que tu voudras, quand même ce serait d'être invisible.

Jean mit la coque de noix dans sa poche, et il continua à se promener dans l'assemblée avec ses camarades. Ils s'amusèrent de leur mieux; mais pour s'en revenir chez eux, il fallait traverser une rivière; pendant qu'ils étaient à se divertir, elle avait débordé et était devenue comme un lac. Ils s'arrêtèrent sur le bord, bien embarrassés comment la traverser.

Jean pensa tout à coup à sa coque de noix.

— Il faut, se dit-il, que je sache si la marchande s'est moquée de moi : Coque de noix, deviens un beau navire, et envoie un canot pour nous passer tous.

Aussitôt il vit un navire; un canot prit à son bord Jean et ses compagnons, et ils passèrent rapidement de l'autre côté du lac.

— Coque de noix, dit Jean, reviens à ton état naturel.

Il la ramassa dans sa poche, et quand il fut rentré à la maison, il raconta à sa grand'mère qu'il avait une coque de noix qui prenait toutes les formes qu'on voulait.

— Ah! mon pauvre petit gars, lui dit la vieille qui était un peu avare; si cela est vrai, commande-lui de se changer en un coffre plein d'or.

— Coquille de noix, commanda Jean, deviens un coffre rempli d'or.

Aussitôt, au lieu de la coque de noix, il y eut dans la cabane un coffre rempli d'or; la grand'mère en souleva le couvercle et vit qu'il

était plein de louis tout neufs; elle en prit un dans sa main; mais elle ne put parvenir à en tirer un second; les pièces d'or semblaient collées l'une à l'autre, et elle mouilla sa chemise sans pouvoir en ramener une seule, ce dont elle était bien marrie. Jean prit aussi une pièce qu'il mit dans sa poche; mais il ne put en tirer une seconde.

La nuit venue, ils se couchèrent; mais la bonne femme ne put fermer l'œil; à chaque instant elle croyait entendre des voleurs qui venaient pour enlever le coffre. Le lendemain, elle dit à Jean des Merveilles :

— Je vais t'acheter un pistolet; tu veilleras cette nuit, et moi je dormirai un peu.

La nuit venue, Jean se mit à monter la garde; mais sa

grand'mère à peine endormie se réveilla en sursaut et s'écria :

— As-tu tué le voleur?

— Non, grand'mère; il n'est venu personne.

— Ah! dit-elle, j'avais pourtant cru en entendre un rouler par terre.

Tous les jours ils prenaient chacun une pièce d'or; mais ils ne pouvaient en avoir une seconde.

***

Cependant Jean des Merveilles entendit parler de la fille du roi qui avait été enlevée et transportée dans une île de la mer; le roi promettait de la donner en mariage à celui qui réussirait à la délivrer; beaucoup de navires étaient partis pour tenter l'aventure, mais aucun n'était revenu.

Jean dit à sa grand'mère :

— Je voudrais bien aller délivrer la fille du roi; je pense que je pourrai le faire à l'aide de ma coque de noix, et cela nous vaudrait mieux que ce coffre plein d'or où nous ne pouvons prendre qu'une pièce à la fois.

La grand'mère y consentit, et Jean dit :

— Coffre d'or, redeviens coque de noix.

Cela s'accomplit à la minute; Jean ramassa la coque dans sa poche, et quand il arriva sur le bord de la mer, il la mit à l'eau et dit :

— Coque de noix, deviens un beau navire bien mâté, bien gréé, avec deux batteries, et des canonniers et des gabiers qui m'obéissent à la parole.

Aussitôt il vit un beau navire avec deux rangées de canons, qui masquait ses voiles comme pour attendre quelqu'un, et près du rivage, il y avait une baleinière toute dorée. Jean s'y embarqua, et aussitôt les hommes qui la montaient se mirent à nager aussi bien que les meilleurs canotiers de la flotte. Quand il arriva à bord du navire, l'équipage était rangé sur la lisse pour le recevoir : aucun des hommes ne parlait; mais ils lui obéissaient à la minute.

Il leur ordonna de conduire le vaisseau où la princesse était prisonnière; aussitôt le navire déploya ses voiles et se mit en route, avant, tribord et babord, et il marchait comme le vent. Ils furent trois jours sans voir aucune terre; le quatrième, ils aperçurent une île à perte de vue, et ils mirent le cap dessus. Comme Jean des Merveilles en approchait, il vit un navire, deux navires, trois navires; il en compta jusqu'à quinze qui étaient auprès de l'île; l'un d'eux s'avança vers lui. Il commanda la manœuvre à ses hommes; mais, comme son navire n'avait pas hissé son pavillon, le corsaire qui venait à sa rencontre tira deux coups à blanc, puis un troisième à boulet.

— Ah! commanda Jean des Merveilles, chargez la moitié des canons avec des boulets et l'autre moitié avec de la mitraille, et puis feu partout.

Mais ses hommes ne bougeaient pas, et il était si en colère que, de rage, il se serait bien roulé par terre. Le corsaire arriva et ses hommes sautèrent à l'abordage; mais les matelots de Jean les laissaient monter à bord sans même essayer de leur résister.

Quand il vit cela, il songea à son pouvoir et dit:

— Coque de noix, deviens un petit navire où il y ait seulement place pour moi, et tire-moi de ce mauvais pas.

Aussitôt il se trouva dans une petite chaloupe, et les matelots qui étaient à bord se noyèrent; au même instant le chef des corsaires, qui était l'ennemi de la fée qui avait donné la coque de noix à Jean des Merveilles, fut changé en un gros chat noir qui lui dit:

— Tu as cent ans à être prince, et moi cent ans à rester chat.

Jean des Merveilles aborda à l'île: il délivra la princesse, et ordonna à son petit bateau de se changer en un beau navire. Il monta à bord avec la princesse, et fit un heureux voyage; quand il arriva à Paris, le roi fut bien content de le voir et il lui donna sa fille en mariage.

Il y eut à cette occasion des noces si copieuses que le lendemain sur toutes les routes on voyait des invités égaillés sur les *mètres* (tas) de pierres et ronflant comme des bienheureux.

Conté en 1880, par Joseph Macé, de Saint-Cast, mousse, âgé de quinze ans.

Il se mit en route pour aller tuer Norouâs. (Page 132.)

NOROUAS (¹)

Il y avait une fois un bonhomme et une bonne femme qui n'avaient rien qu'un petit champ; ils y semèrent du lin qui poussa à

merveille et devint si beau que jamais on n'en avait vu de pareil. Quand il fut mûr, les bonnes gens l'arrachèrent, le mirent à rouir, puis l'étendirent dans la prairie pour le sécher.

(1) Nord-Ouest.

Ils se réjouissaient de leur belle récolte, et pensaient qu'ils pourraient se mettre à l'aise en la vendant; mais il vint un grand coup de vent de Norouâs qui enleva le lin, le jeta sur le haut des arbres et l'éparpilla dans la mer.

Quand le bonhomme vit que sa récolte était perdue, il commença

à jurer après le vent, prit son bâton à marotte, et se mit en route pour aller tuer le maudit Norouâs qui avait gâté son lin. Il emporta avec lui de quoi manger deux ou trois jours, mais son voyage fut plus long qu'il ne pensait et il mourait de faim par les chemins. Un soir, il arriva à un hôtel, et dit à l'hôtesse :

— Je n'ai pas le sou ; par charité, donnez-moi un morceau de pain, et laissez-moi coucher dans un coin de l'écurie.

Le bonhomme eut du pain à manger et une botte de paille pour se coucher ; le lendemain, il remercia l'hôtesse et lui dit :

— Ne pourriez-vous pas me dire où demeure Norouâs ?

Si, répondit-elle ; vous n'avez qu'à me suivre.

Elle le conduisit au pied d'une montagne et lui dit :

— C'est là-haut qu'il demeure.

Le bonhomme se mit à gravir la montagne où habitaient les vents et il rencontra *Surouâs* (¹) qui était de quart.

(1) Sud-Ouest.

— Est-ce toi, lui dit-il, qui t'appelles Norouâs ?

— Non, c'est moi Surouâs.

— Où est le coquin de Norouâs qui m'a enlevé tout mon beau lin ? j'ai apporté mon bâton exprès pour le tuer.

— Ne parle pas si haut, bonhomme, répondit Surouâs ; s'il t'entendait, il t'enlèverait dans les airs comme une guibette (1).

— Nous allons voir, dit le bonhomme en serrant son bâton.

Voilà Norouâs qui s'approcha en soufflant :

— Ah ! gredin de Norouâs ! s'écria le bonhomme : c'est toi qui m'as volé ma belle pièce de lin !

— Ne me dis rien, ou je t'enlève, répondit la grosse voix de Norouâs.

— Il faut que tu me rendes ma pièce de lin.

— As-tu bientôt fini de me casser la tête, vieux propre à rien ? disait le vent.

Mais le bonhomme ne cessait de crier :

— Norouâs, rends-moi mon lin ! Norouâs, rends-moi mon lin !

— Hé bien, dit Norouâs ; pour avoir la paix, voici une serviette.

— Avec ma pièce de lin, répondit le bonhomme, j'aurais eu de quoi en faire plus d'un cent. Norouâs, rends-moi mon lin !

— Tes serviettes, dit Norouâs, n'auraient pas eu la vertu de celle-ci ; quand tu lui diras : « Serviette, déplie-toi ! » elle te donnera la plus belle table servie que tu aies jamais vue.

*
* *

Le bonhomme descendit de la montagne, puis il s'arrêta pour

---

(1) Un moucheron.

essayer sa serviette. Il lui dit : « Serviette, déplie-toi, » et aussitôt voilà une table couverte de pain, de viande et de vin qui se place

devant lui. Il mangea de bon appétit, puis, le soir venu, il entra à l'hôtel où il avait couché.

— Et Norouâs ? demanda l'hôtesse ; vous a-t-il bien payé ?
— Ah ! oui, répondit-il ; ce soir je n'ai pas besoin que vous me

donniez du pain ; la serviette de Norouâs m'en fournira bien pour tout le monde : « Serviette, déplie-toi, » dit-il en la tirant de sa poche.

Et voilà une belle table qui se dresse toute seule, qui se couvre d'assiettes, de verres, de viandes et de vins ; jamais personne n'avait vu un repas mieux servi.

Au lieu de donner au bonhomme une botte de paille dans un coin de l'écurie, l'hôtesse le coucha dans un beau lit sur une couette de plumes ; il ne tarda pas à s'endormir, et quand il ronfla comme un bienheureux, elle lui prit sa serviette, et lui en mit à la place une autre qui était toute semblable. Il s'en retourna chez lui, et quand sa bonne femme le vit, elle lui dit :

— Norouâs t'a-t-il bien payé ?

— Oui, regarde la belle serviette.

— Vieux sot, s'écria-t-elle, tu aurais mieux fait de prendre autre chose ; dans notre pièce de lin, il y avait plus de deux cents serviettes, et tu t'es contenté d'une seule !

— Ne crie pas, dit le bonhomme ; tu vas voir comme elle est utile : « Serviette, déplie-toi ! » commanda-t-il.

La serviette ne bougea pas, la table ne se dressa pas toute servie. Le bonhomme cria encore trois ou quatre fois : « Serviette, déplie-toi ; » mais il ne voyait rien venir, et sa femme se moquait de lui.

— Norouâs m'a attrapé, dit-il ; mais cette fois je vais le tuer.

Il prit son bâton et se mit en route ; il alla coucher dans le même hôtel, et dit à l'hôtesse :

— Je vais tuer Norouâs ; le coquin m'avait donné une serviette qui n'avait de la vertu que pour deux fois seulement.

— Ne manquez pas, répondit l'hôtesse, de repasser par ici.

Le lendemain, de bon matin, il se mit en route, et quand il fut arrivé au haut de la montagne, il se mit à crier :

— Gros coquin de Norouâs, la serviette que tu m'as donnée n'avait de vertu que pour deux fois. Norouâs, rends-moi mon lin !

— Ne crie pas si fort, bonhomme, ou je t'enlève en l'air comme une guibette (1).

— Norouâs, rends-moi mon lin ! Norouâs, rends-moi mon lin, ou je vais te tuer.

— Tiens, répondit Norouâs, voici un âne; quand tu diras : « Ane, fais-moi de l'or, » tu en auras à foison.

Le bonhomme descendit la montagne avec son âne, et en bas il lui dit : « Ane, fais-moi de l'or. »

Aussitôt l'âne leva la queue et fit tomber sur la route des rouleaux d'or. Le bonhomme remplit ses poches, et il arriva à l'hôtel :

— Hé bien ! lui demanda l'hôtesse, Norouâs vous a-t-il payé ?

— Oui, répondit-il; il m'a donné un âne, vous allez voir quelle vertu il a : « Ane, dit-il, fais-moi de l'or. »

Aussitôt l'âne leva la queue et fit tomber des louis d'or, et des pièces de cent francs qui roulaient par la place. Quand le bonhomme eut mis son baudet à l'écurie, on le coucha dans une chambre plus belle encore que l'autre fois, et pendant qu'il dormait, l'hôtesse mit à la place de son âne un autre âne semblable.

(1) Un moucheron.

Lorsque le bonhomme arriva chez lui, sa femme lui dit :

— Et Norouâs, t'a-t-il bien payé?

— Oui, répondit-il; tends ton tablier sous la queue de l'âne. « Ane, fais-moi de l'or; » commanda-t-il.

L'âne ne bougea pas; le bonhomme répéta encore : « Ane, fais-moi de l'or; » rien ne tomba dans le tablier, et il était si furieux qu'il prit un bâton pour tuer son baudet.

— Vieux fou, lui dit sa femme, voilà la seconde fois que tu te laisses attraper.

— Ah ! Norouâs, s'écria le bonhomme, cette fois-ci, je vais te tuer.

Il prit son bâton, et quand il arriva à l'hôtel, il dit :

— Norouâs m'a encore attrapé, mais cette fois-ci, je le tuerai.

— Ne manquez pas de repasser par ici, lui répondit l'hôtesse.

Le lendemain il se leva de bonne heure, gravit la montagne, et dit à Norouâs :

— C'est toi, gros voleur, qui m'as donné un âne qui n'avait de la vertu que pour deux fois. Norouâs, rends-moi mon lin !

— Ah ! répondit Norouâs, tu veux donc m'enlever tout ce que j'ai !

— Norouâs, rends-moi mon lin ou je vais te tuer.

— Je vais t'enlever comme une guibette, répondit le vent qui se mit à souffler.

Mais le bonhomme criait : — Norouâs, rends-moi mon lin !

Et Norouâs lui dit :

— Tiens, vieux bonhomme, voilà un bâton ; quand tu diras :

« Bâton, déplie-toi, » il se mettra à frapper ; lorsque tu voudras l'arrêter, tu diras : *Ora pro nobis*. En t'en allant, passe par l'hôtel où tu t'es arrêté, c'est là qu'on t'a volé la serviette et ton âne.

Cette fois, le bonhomme était bien content ; en s'en allant, il

voulut essayer la vertu de son bâton, et lui dit : « Bâton, déplie-toi. »
Aussitôt, le bâton lui échappa de la main, et se mit à voltiger en l'air,
et à le frapper si fort qu'il ne savait où se fourrer, et qu'il ne se rappelait plus comment il fallait s'y prendre pour l'arrêter. Il finit

pourtant par dire : *Ora pro nobis*, et le bâton revint aussitôt dans sa main.

Il arriva à l'hôtel, et l'hôtesse lui dit :

— Et Norouâs? Vous a-t-il payé, cette fois?

— Oui, répondit-il; voici un bâton qui bat tous ceux que je veux. Rendez-moi ma serviette et mon âne que vous m'avez volés.

— Je ne vous ai rien pris, dit l'hôtesse; si vous continuez à crier je vais envoyer chercher les gendarmes.

— Mon bâton, déplie-toi! s'écria le bonhomme.

Aussitôt le bâton se mit à voltiger dans les airs, il frappait l'hôtesse et ses domestiques, cassait les verres, les plats et les assiettes, un coup n'attendait pas l'autre.

— Ah! mon bonhomme, cria l'hôtesse, arrêtez votre bâton, et nous vous rendrons votre serviette et votre âne.

Le bonhomme cria : *Ora pro nobis!* mais le bâton était si lancé, qu'il ne cessa de frapper que quand il eut dit pour la seconde fois : *Ora pro nobis.*

Il s'en alla avec son âne et sa serviette ; et quand il fut de retour chez lui, sa femme lui dit :

— Et Norouâs, t'a-t-il bien payé?

— Oui, répondit-il, tu vas voir tout ce qu'il m'a donné ; tends ton tablier : « Ane, fais de l'or, » commanda-t-il.

L'or tombait dans le tablier de la bonne femme, qui était émerveillée, car de sa vie elle n'avait vu autant de louis. Il étendit ensuite sa serviette sur la table, et dit : « Serviette, déplie-toi ; » et aussitôt la table se chargea de plats et de liqueurs.

Quand ils eurent bien dîné, le bonhomme dit :

— J'ai encore un bâton qui bâtonne tous ceux que je veux, j'ai voulu l'essayer, et il m'a frotté de la bonne façon, mais je ne te montrerai pas comment on peut s'en servir ; car tu voudrais peut-être l'essayer sur moi.

Avec l'argent que lui faisait son âne, le bonhomme acheta des navires et devint armateur. Mais les gens disaient que c'était un vieux voleur, et que pour être devenu riche en si peu de temps il

devait avoir volé et assassiné quelqu'un. La justice s'en mêla, et il fut condamné à être guillotiné.

Le jour où il devait monter sur l'échafaud, il y avait plein de monde sur la place pour lui voir couper le cou. Le bonhomme dit :

— Puisqu'on accorde aux condamnés à mort tout ce qu'ils veulent, je désirerais qu'on m'apporte mon bâton de vieillesse, afin que je le voie encore une fois avant de mourir.

On alla chercher le bâton du bonhomme ; il le prit à la main, et dit :

— Vous voyez bien ce bâton-là ; c'est lui qui m'a donné toute ma richesse. Mon bâton, déplie-toi.

Voilà le bâton qui voltige en l'air ; il cassa la tête du bourreau, renversa les gendarmes, démolit l'échafaud et se mit ensuite à frapper ceux qui étaient venus pour voir l'exécution. De tous côtés on entendait crier :

— Ah ! mon bonhomme, arrêtez votre bâton, vous allez être gracié.

Quand il fut bien sûr qu'on ne lui ferait plus de mal, il cria : *Ora pro nobis*. Mais le bâton continuait à frapper, et il ne s'arrêta que quand il eut crié pour la troisième fois : *Ora pro nobis*.

Le bonhomme retourna tranquillement chez lui appuyé sur son bâton, et il vécut heureux jusqu'à la fin de ses jours.

Conté en 1880, par François Marquer, de Saint-Cast, mousse, âgé de 13 ans.

Me voici, mon père, dit-elle en l'embrassant (Page 158.)

LA CHÈVRE BLANCHE

Il était une fois un capitaine dont la femme mourut en donnant le jour à une petite fille qui fut nommée Euphrosine et eut une fée pour marraine. Le capitaine eut bien du chagrin à la mort de sa femme, et comme il était souvent en mer, il mit sa petite fille à la nourrice. Mais quand elle fut devenue un peu grande, il trouva qu'elle n'était pas bien soignée par ceux chez qui il l'avait placée, et il se remaria pour que son enfant eût une seconde mère.

Peu de temps après son mariage, il se rembarqua pour un voyage qui devait durer trois ans, et il recommanda à sa femme d'avoir bien soin de sa petite Euphrosine. Elle lui promit tout ce qu'il voulut, mais c'était une méchante personne qui n'aimait qu'une petite fille nommée Césarine qu'elle avait eue d'un premier mariage. Césarine était laide, au lieu qu'Euphrosine avait une figure jolie et gracieuse, et elle avait à une oreille une petite marque rouge comme une fraise que ses cheveux recouvraient.

La belle-mère d'Euphrosine ne lui donnait à manger que de mauvaises pommes de terre et des croûtes de pain moisi, car elle aurait bien voulu voir mourir l'enfant de son mari, pour que sa fille à elle eût tout l'héritage. Elle l'envoyait aux champs garder quatre moutons blancs, et elle lui donnait tous les jours une grosse quenouille à filer; quand elle n'avait pas rempli sa tâche, elle la battait et l'envoyait coucher sans souper. Mais la marraine d'Euphrosine, qui savait que sa belle-mère voulait la faire mourir de faim, venait chaque jour lui apporter à manger : aussi, au lieu de dépérir, elle devenait gentille et fraîche, et il semblait que plus sa belle-mère lui faisait de misère, plus elle devenait jolie.

— Comment cela se fait-il? disait la méchante belle-mère; je ne donne rien à manger à Euphrosine, et elle est bien plus jolie que ma fille que je soigne si bien.

— Ah! maman, répondait Césarine, c'est le bon Dieu qui vous

punit; si vous donniez à ma sœur un peu plus de quoi se nourrir, peut-être que je deviendrais moins laide.

— Il y a quelqu'un, dit la mère, qui lui apporte à manger; demain, tu iras voir qui c'est, et moi j'irai après-demain.

La petite Césarine alla se cacher auprès du champ où sa sœur gardait ses moutons ; elle savait que sa sœur avait été nommée par une fée, mais elle ne vit point sa marraine ; Euphrosine mangea un bon morceau de pain beurré, et Césarine la vit, mais elle n'était point méchante, et elle ne dit rien à sa mère :

— Qu'as-tu vu ? lui demanda celle-ci quand elle rentra.

— Rien.

— Je parie, dit la belle-mère, que ce soir quand elle va rentrer elle ne voudra pas souper.

Lorsqu'Euphrosine revint à la maison, sa belle-mère lui donna un morceau de pain moisi, mais la petite fille répondit qu'elle n'avait pas faim et elle ne le toucha pas.

La belle-mère se dit :

— J'irai à mon tour demain, et je saurai tout.

Le lendemain, la méchante femme se rendit aux champs presque sur les talons d'Euphrosine, et elle se cacha derrière une haie pour l'épier. Elle ne vit point la fée, mais elle vit la petite fille qui mangeait et qui semblait avoir quelque chose de gros dans son tablier. Elle sortit aussitôt de sa cachette, et dit brusquement à Euphrosine :

— Qu'est-ce que tu as dans ton tablier?

La petite le déplia, et au lieu de pain il contenait des fleurs.

— Où les as-tu prises? demanda la belle-mère.

— Je les ai cueillies dans les champs, répondit-elle toute tremblante.

La méchante femme s'en alla à la maison, furieuse de n'avoir rien su.

La fée venait tous les jours voir sa filleule, elle lui emportait sa quenouille et le soir la lui rapportait toute filée; un jour, elle vint la voir et lui dit :

— Je vais m'absenter pour un long voyage et je ne reviendrai pas de sitôt; voici une baguette et une bague qui te donneront tout ce que tu désireras; mais prends bien garde que ta belle-mère ne te les enlève, car elle te veut du mal et ne désire que ta mort.

*
* *

Euphrosine, après le départ de sa marraine, ne manquait de rien grâce à sa baguette et à sa bague; elle grandissait et embellissait tous les jours; les galants s'empressaient autour d'elle et ne daignaient même pas regarder Césarine qui enlaidissait à vue d'œil. La méchante belle-mère était furieuse.

Euphrosine tomba malade, et sa belle-mère écrivit à son père que sa fille était bien mal. Le capitaine lui répondit de soigner de son mieux sa petite fille, car s'il venait à la perdre, il ne s'en consolerait jamais.

Mais la méchante belle-mère fit courir le bruit qu'Euphrosine était morte, et elle l'écrivit à son mari. Elle fit faire une châsse qu'elle remplit de terre et de cailloux, et on l'enterra dans le cimetière : tout le monde croyait Euphrosine trépassée, et Césarine n'osait rien dire parce qu'elle avait peur de sa mère.

La belle-mère alla trouver une méchante vieille fée qui était l'ennemie de la marraine d'Euphrosine, et elle la pria de l'emmorphoser (1); mais elle lui répondit que tant qu'elle posséderait sa baguette et sa bague, elle n'aurait aucun pouvoir sur elle, et elle lui dit où elles étaient cachées. La méchante femme s'en empara, et la vieille fée vint pour emmorphoser Euphrosine; mais elle dit à sa belle-

(1) Métamorphoser.

mère qu'elle avait à l'oreille une marque qui lui était venue en naissant et que sa marraine avait touchée et que jamais elle ne pourrait la faire disparaître.

— En quelle bête voulez-vous qu'elle soit emmorphosée? demanda la fée.

— En chèvre noire, répondit la belle-mère.

Mais la fée eut beau jouer de sa baguette, elle ne put y réussir.

— Je ne peux, dit-elle, l'emmorphoser en chèvre noire : elle est trop pure, et cela est hors de mon pouvoir; je l'emmorphoserai en chèvre blanche ou en chèvre verte, à votre choix.

— Qu'elle soit en chèvre blanche, répondit la belle-mère.

La fée changea Euphrosine en une petite chèvre blanche, la plus jolie qu'on pût voir, et elle avait à l'oreille la marque que sa marraine avait touchée. Sa belle-mère la conduisit ensuite dans les ruines d'un vieux château, à trois lieues de chez elle, et elle l'y abandonna : la petite chèvre blanche broutait pour se nourrir l'herbe qui poussait parmi les ruines.

*
* *

Quand le capitaine revint de voyage, il fut bien chagrin de ne plus voir sa petite fille qui était le portrait de sa défunte femme ; il cessa de naviguer en se disant qu'il était assez riche maintenant puisqu'il n'avait plus qu'un enfant. Mais, comme il s'ennuyait à terre, il allait à la chasse pour se distraire ; sa femme voulut l'en détourner, craignant qu'un jour il n'allât du côté des vieilles ruines qui servaient de refuge à beaucoup d'oiseaux ; mais elle eut beau faire, il se mit à chasser.

Un jour, il alla aux ruines, et vit la petite chèvre blanche qui broutait dans les anciens jardins du château où l'herbe poussait comme dans un champ.

— Ah ! s'écria-t-il, la jolie petite chèvre !

Elle le reconnut, et elle vint à lui ; elle lui léchait les mains en le regardant et en disant « Bée, Bée, » d'une voix si douce que le capitaine en était tout ému. Il la caressait en disant :

— Ah ! comme elle est jolie ! elle a les yeux comme ma pauvre Euphrosine, et porte comme elle une petite marque à l'oreille.

Il voulait la faire sortir du château et l'emmener avec lui ; mais elle ne pouvait quitter les ruines. Il s'éloigna bien marri, et quand il fut de retour à la maison, il ne fit que parler d'elle, et il promit à Césarine de l'emmener pour la voir.

— Ah! s'écria-t-il, c'est moi qui ai vu une jolie petite chèvre blanche! jamais je n'ai vu une chèvre avoir de si beaux yeux; elle les a comme ceux d'une personne, comme ceux de ma petite Euphrosine, et même elle a comme elle une marque à l'oreille. Si je pouvais l'amener ici, je serais bien content. Mais nous irons demain aux ruines; peut-être qu'elle y sera encore.

Césarine, qui savait que sa sœur avait été emmorphosée, aurait bien voulu ne pas aller aux ruines; mais le capitaine insista pour l'y emmener, et elle y fut avec lui. Aussitôt que la petite chèvre la vit, elle accourut en frétillant de la queue; elle disait : « Bée, » d'une voix douce, en se frottant contre Césarine, car elle l'aimait bien. Césarine, qui n'était point méchante, ne pouvait s'empêcher de pleurer; car elle savait que c'était sa sœur.

— Qu'est-ce que tu as donc à pleurer, Césarine? lui demandait le capitaine.

— Ah! répondait-elle, je voudrais l'emmener à la maison, et j'en aurais bien soin.

Mais la chèvre ne pouvait quitter les ruines du château.

— Vous ne l'avez pas amenée avec vous? dit la méchante femme quand ils rentrèrent.

— Non, répondit le capitaine; si tu savais comme elle est jolie; il faudra que demain tu viennes la voir.

Quand son beau-père fut sorti, Césarine s'écria :

— Ah! je ne retournerai jamais au château; si tu savais, ma mère, comme elle est mignonne! comme elle me caressait et comme elle venait me lécher les doigts!

— Si ton père venait à découvrir qui elle est, disait la méchante belle-mère, nous serions perdues ; il nous tuerait toutes les deux ; ne lui en parle jamais.

— Non, ma mère, répondit Césarine.

Le lendemain, le capitaine dit :

— Il faut retourner aux ruines ; nous porterons un panier de provisions pour la chèvre, et elle consentira peut-être à nous suivre.

Les voilà partis tous les trois ; mais dès que la chèvre blanche aperçut sa belle-mère, au lieu de bêler comme à l'ordinaire, elle s'enfuit, et alla se cacher.

— C'est bien singulier, dit le capitaine, que cette chèvre qui nous a fait tant de caresses les autres jours, ne veuille plus nous voir aujourd'hui !

Il alla tout seul dans les ruines, et la petite chèvre venait le caresser en bêlant ; mais dès qu'elle voyait sa belle-mère, elle devenait triste et courait se cacher.

— Il faut, dit-il à sa femme, que tu aies fait quelque chose à cette petite chèvre.

— Moi ! répartit la méchante belle-mère, c'est la première fois que je la vois, et jamais je n'étais venue à ce vieux château.

Ce jour-là encore, ils ne purent l'emmener.

*
* *

Le capitaine fut malade et obligé de se coucher, de sorte qu'il resta huit jours sans retourner à la chasse auprès du château ; des qu'il put se lever, il y alla et regarda s'il voyait la petite chèvre blanche, mais il ne l'aperçut pas et se dit :

— La pauvre petite ! sans doute quelqu'un l'aura tuée.

Il la chercha et finit par la trouver, à moitié morte, cachée sous un buisson. Elle était aussi tombée malade du chagrin qu'elle avait de ne plus voir son père.

— Ah ! te voilà, lui dit-il, ma pauvre petite chèvre, je croyais que l'on t'avait tuée.

— Bée, répondit-elle d'une voix plaintive.

Il lui donna à manger du pain qu'il avait dans sa gibecière, il lui fit boire un peu de vin, et elle se trouva mieux.

Quelques jours après, il se mit en route pour aller la voir, et en approchant des ruines, il rencontra, mais sans la reconnaître, la marraine de sa fille.

— Allez-vous à la chasse, beau chasseur ? lui demanda-t-elle.

— Oui, répondit le capitaine, et vous ?

— Je n'y vais pas, je suis venue au-devant de vous.

— Je vais, dit le capitaine, pour voir une jolie petite chèvre qui est dans les ruines du château : elle vous appartient peut-être ?

— Non, répondit la fée ; elle est à vous ; est-ce que vous ne l'avez pas reconnue à la petite marque qu'elle porte à l'oreille ?

Le capitaine songea aussitôt à sa fille qu'il croyait morte, et il tomba sans connaissance, car il pensa que c'était peut-être elle qui avait été emmorphosée. La fée le secourut, et, quand il eut repris connaissance, elle lui raconta ce qui s'était passé.

— Est-ce que vous ne l'avez pas reconnue ? dit-elle.

— Si, repartit le capitaine, j'ai bien des fois dit qu'elle avait les yeux comme ma pauvre petite Euphrosine, et qu'elle portait comme elle une marque à l'oreille.

— Avant de partir pour un long voyage, dit la fée, je lui avais donné une bague et une baguette pour la préserver des méchancetés de sa belle-mère ; car je savais qu'elle voulait l'emmorphoser ; elle lui a enlevé la bague et la baguette, et ensuite elle l'a fait passer pour morte.

— Oui, j'ai reçu cette nouvelle, et j'en ai eu bien du chagrin.

— Elle est emmorphosée en chèvre blanche, mais je ne puis détruire son enchantement que je n'aie la baguette et la bague ; je vous indiquerai où elles se trouvent.

Il entra dans les ruines du château pour voir la petite chèvre. Dès qu'elle l'aperçut venir avec sa marraine, elle courut à eux en bêlant ; et en disant : « Bée » ; elle se frottait contre eux, frétillait de la queue et ne savait quelles caresses leur faire. Son père pleurait, sa marraine pleurait, et elle pleurait aussi, la petite chèvre blanche.

— Maintenant, dit le capitaine à la fée, indiquez-moi où est la baguette.

— Votre femme a fait pratiquer au-dessous de son armoire une petite coulisse, c'est là que la bague et la baguette sont cachées ; quand vous les aurez, revenez ici, je vous y attendrai.

Il embrassa la petite chèvre et lui dit :

— A demain, ma petite chèvre blanche, tu n'as plus qu'une nuit à passer dehors ; si je trouve la baguette et la bague, tu seras démorphosée (¹) ; si je ne peux les trouver, je viendrai vivre avec toi parmi ces ruines.

— La baguette et la bague sont encore dans l'armoire, dit la fée ; mais hâtez-vous, car la méchante fée qui a emmorphosé Euphrosine va avertir votre femme de ce qui se passe.

Le capitaine courut au village le plus près, et y loua un cheval pour arriver plus vite ; en entrant dans sa maison, il vit sa femme et un menuisier qui étaient à défaire la cachette de la bague et de la baguette, car la mauvaise fée l'avait avertie ; mais il se glissa sans bruit derrière elle, lui arracha la bague et la baguette, et sans attendre au lendemain, il remonta à cheval et se dirigea bride abattue vers les ruines.

Il y trouva la fée qui l'attendait ; et il lui donna ce qu'il avait pris à sa femme. La fée posa par terre devant la petite chèvre la bague et la baguette, et lui dit :

— Voilà les objets que je t'avais donnés pour te mettre à l'abri des méchancetés de ta belle-mère ; touche-les avec le pied.

La petite chèvre mit un pied sur la bague et l'autre sur la ba-

---

(1) Ta métamorphose cessera.

guette ; aussitôt elle fut démorphosée, et, de chèvre blanche, elle devint une belle jeune fille.

— Me voici, mon père, lui dit-elle en l'embrassant.

— Ah ! Euphrosine, s'écria-t-il, comme je suis heureux de te retrouver !

Elle embrassa aussi sa marraine la fée, puis elle retourna à la maison de son père ; en y arrivant, elle sauta au cou de Césarine qui fut très aise de la revoir, car elle aimait bien sa sœur, et ne lui avait jamais fait de mal ; mais la méchante belle-mère était allée se cacher.

— Où est ta mère, Césarine ? demanda le capitaine.

— Ah ! papa, répondit-elle, je ne vous dirai pas où elle est, car vous voulez tuer maman.

Le capitaine chercha partout, sans pouvoir trouver sa femme ;

mais il pensa à faire parler la baguette, et la baguette dit que la méchante s'était cachée dans la cheminée.

Le capitaine fit monter un ramoneur sur le haut de la maison pour boucher la cheminée ; il mit vingt-cinq fagots dans le foyer, et brûla sa méchante femme.

Quand elle fut rôtie, il resta à demeurer avec ses deux filles ; ils vécurent heureux tous les trois, et s'ils ne sont pas morts, je pense qu'ils vivent encore.

Conté en 1880 par Rose Renault, de Saint-Cast. Elle a appris ce conte de sa mère, morte en 1829.

21

Il vit la Sirène qui s'était endormie. (Page 165.)

LA SIRÈNE DE LA FRESNAYE

Il y avait une fois dans le bois de l'île Aval, en la paroisse de Saint-Cast, un sabotier qui demeurait avec sa femme et ses deux enfants, dans une pauvre petite hutte en terre, qu'il avait lui-même construite au bord de la mer, à l'endroit où finit la vallée. Il y en a qui disent qu'on en voit encore les ruines, mais cela n'est guère croyable, car il y a bien longtemps de cela, et d'habitude les cabanes de sabotiers ne laissent pas de longues traces.

Ils n'étaient pas riches, car ils n'avaient que leur travail pour vivre, et l'on sait que les sabotiers achètent rarement des métairies : le mari creusait des sabots, sa femme lui aidait de son mieux, et le petit garçon et la petite fille, qui n'étaient pas assez grands pour travailler le bois, allaient tous les jours à la pêche le long du rivage.

Un jour que le petit garçon était dans les rochers à prendre du poisson, il entendit tout à coup un chant doux et mélodieux, et, en regardant l'endroit d'où il semblait venir, il vit la Sirène qui nageait en chantant sur les flots, et autour d'elle la mer était si brillante que la vue en était éblouie.

Il courut bien vite à la cabane où son père travaillait :

— Ah! papa, lui dit-il, viens donc voir! il y a dans l'anse du

Port-au-Moulin un poisson plus beau que tous ceux que j'ai vus : il chante, et il brille comme de l'or.

— Comme du feu, papa, ajouta la petite fille qui l'avait vu aussi.

Le sabotier et sa femme se hâtèrent de suivre leurs enfants ; mais quand ils arrivèrent au rivage, la Sirène avait disparu ; ils ne virent rien sur la mer, et n'entendirent point de chant.

— Ce n'était rien, dit la mère, les enfants auront rêvé tout cela.

Mais le sabotier n'était pas aussi incrédule que sa femme; le lendemain, il dit aux enfants :

— Retournez au bord de l'eau et regardez bien si le beau poisson qui chante se montrera encore.

Le petit garçon sortit, mais dès qu'il eut fait quelques pas en dehors de la cabane, il y rentra en s'écriant :

— Ah! papa, le beau poisson est revenu, on l'entend chanter d'ici.

Quand ils furent sortis de la cabane, ils entendirent dans le lointain une musique délicieuse, et ils se hâtèrent d'aller au bord de la mer où ils virent la Sirène qui se jouait en chantant sur les vagues et sautait parfois à plus de trois pieds au-dessus de l'eau.

— Ce n'est pas un poisson ordinaire, dit le sabotier, cela ressemble à une personne.

— Ah! répondit la femme, il faut apprêter des lignes, peut-être pourras-tu le prendre ; je voudrais bien le voir de près.

Ils se mirent tous à arranger des lignes, et quand la mer était haute, ils les tendaient ; mais ils avaient beau garnir les hameçons des meilleurs appâts, le poisson-chanteur ne venait point se prendre, et pourtant on le voyait tous les jours.

Le sabotier pensait souvent au poisson merveilleux, et il réfléchissait aux moyens de s'en emparer. Un jour qu'il se promenait sur le rivage, il vit la Sirène qui s'était endormie, et, bercée par la vague, flottait à peu de distance du bord. Il se mit à l'eau sans faire de bruit, et passa tout doucement sous elle un grand panier qu'il avait, et dans lequel il l'emporta à terre sans l'éveiller.

Elle était de la taille d'un enfant de huit ans ; sur sa tête flottaient des cheveux couleur d'or, et son corps blanc et poli ressemblait à celui d'une femme, mais au lieu de pieds elle avait des nageoires et se terminait en queue de poisson.

— Ah! dit le sabotier en la regardant ; mon petit gars n'avait pas menti, c'est bien la plus curieuse chose que l'on puisse voir. C'est sans doute une Sirène, car elle est moitié femme et moitié poisson.

Il faisait ces réflexions en prenant le chemin de sa cabane, et il n'en était pas fort éloigné, quand la Sirène s'éveilla et lui dit :

— Ah! sabotier, tu m'as surprise pendant que je dormais ; je t'en prie, reporte-moi à l'eau maintenant que tu m'as vue de près, et je te protégerai, toi et toute ta famille, tant que tu vivras.

— Non, répondit le sabotier, je ne te remettrai pas à la mer ; il y a trop longtemps que je te guettais, et aussi ma femme et mes enfants. Je vais te porter à la maison pour qu'ils te voient ; mais quand tu auras chanté une chanson, si ma femme veut, je te rapporterai où je t'ai prise.

Il appela sa femme qui avait nom Olérie, et lui cria :

— Olérie, viens donc voir, et amène les enfants ; j'ai la chanteuse dans mon panier.

La bonne femme accourut toute joyeuse, suivie du petit garçon et de la petite fille, et ils se mirent à regarder la Sirène.

— Elle demande, dit le sabotier, que je la porte à la mer ; elle te chantera une chanson auparavant. Y consens-tu?

— Non, répondit-elle, c'est un trop beau poisson : jamais je n'en ai vu un semblable ; il faut le manger.

— Ah ! dit la Sirène, si tu te nourris de ma chair, si tu te repais de mon poisson, tu ne mangeras plus rien en ce monde, car tu périras. Je ne suis pas un poisson comme les autres : je suis la Sirène de la Fresnaye, et ton mari m'a surprise pendant que je dormais.

Demande-moi ce que tu voudras et je te l'accorderai, car j'ai le pouvoir des fées. Mais dépêche-toi de me reporter à la mer, et ne perds pas de temps, je faiblis déjà, et je mourrais bientôt.

— Qu'en dis-tu ? demanda Olérie à son mari.

— Si tu y consens, je veux bien la remettre à la mer ; ce serait dommage de la tuer, elle est bien gentille et elle n'a jamais fait de mal à personne.

Ils prirent le panier chacun par un bout, et portèrent tout doucement la Sirène à la mer, et ils la laissèrent s'y plonger sans avoir songé à lui faire de conditions.

Quand elle sentit la fraîcheur de l'eau, elle s'esclaffa de rire, de la joie qu'elle avait de n'être plus en captivité, et elle dit au sabotier :

— Que me demandes-tu à présent ?

— Je désirerais, répondit-il, du pain, du poisson et des habits pour moi, ma femme et mes enfants.

— Tu auras tout cela dans vingt-quatre heures, dit la Sirène.

— Je voudrais bien aussi, poursuivit-il, si c'était un effet de votre bonté, un peu d'argent pour payer mon maître, car je ne suis guère riche.

La Sirène ne répondit rien ; mais elle se mit à battre l'eau avec ses nageoires, et à chaque fois qu'elle frappait les vagues, il jaillissait des gouttelettes, et tout ce qui sautait en l'air était de l'or qui venait tomber aux pieds du sabotier.

Le rivage en fut bientôt couvert : alors elle cessa de s'agiter, et elle dit au sabotier et à sa femme :

— Tout cela est à vous, bonnes gens ; vous pouvez le ramasser.

Ils remercièrent la Sirène qui s'éloigna en chantant, puis ils remplirent leurs poches d'or, et retournèrent à leur cabane, bien contents.

Quand les vingt-quatre heures furent écoulées, Olérie et son mari revinrent au bord de la mer pour chercher les habits que la Sirène leur avait promis. Ils l'entendirent au loin qui chantait, et bientôt ils la virent glisser sur les flots et s'approcher d'eux en con-

tinuant son chant doux et mélodieux. Elle frappa l'eau de ses nageoires : une grosse vague vint déferler sur la grève, et se retira, laissant aux pieds du sabotier un coffre bien fermé et de grande taille.

La Sirène sauta ensuite sur l'eau par trois fois, puis elle dit au sabotier :

— Tu trouveras dans ce coffre ce que je t'avais promis ; au revoir, toi qui as été bon pour moi ! Quand tu auras besoin de poisson, n'oublie pas ce rivage.

Ils emportèrent le coffre chez eux : il contenait de bons habits faits à leur taille, et toutes les fois qu'eux ou leurs enfants avaient envie de pêcher du poisson, ils allaient au bord de la mer, et, en peu d'instants, ils faisaient une pêche abondante.

***

Pendant un an, ils ne revirent plus la Sirène : leur bourse diminuait cependant, et plus elle devenait légère, plus ils pensaient à la Sirène. Souvent ils allaient au bord de la mer, prêtant l'oreille et espérant entendre sa voix.

Un jour, ils l'entendirent de loin qui chantait ; ils accoururent aussitôt sur le rivage, et furent bien joyeux de la voir se glisser sur les flots : partout où elle avait passé, la mer brillait comme un rayon de soleil.

Quand elle fut à une petite distance, le sabotier lui dit :

— Ma Sirène, je suis bien content de vous revoir ; si vous voulez, vous pouvez me rendre grand service, car je n'ai plus ni pain ni argent.

— Je vais, répondit la Sirène, vous donner de quoi remplir de nouveau votre bourse.

Après avoir dit ces mots, elle déplia ses nageoires, et, battant

l'eau autour d'elle, elle envoya au rivage un flot d'or et d'argent.

— Avec cela, dit-elle, tu achèteras ce dont tu auras besoin ; mais si tu veux le conserver, emploie-le bien. Désormais, tu ne me reverras plus ; je quitte le pays et je repars pour l'Inde.

La Sirène s'éloigna après avoir ainsi parlé : jamais, depuis, personne ne la vit ni ne l'entendit chanter dans la baie de la Fresnaye.

Conté en 1880, par Rose Renaud, de Saint-Cast, âgée de 60 ans, femme d'Étienne Piron, pêcheur.

LE PETIT ROI JEANNOT

Il était autrefois un roi et une reine qui avaient trois garçons : l'aîné s'appelait Hubert, le second Poucet, et le troisième, qui était le plus gentil et le plus doux, se nommait le petit roi Jeannot.

Quand ils furent devenus grands et capables de courir seuls le monde, leurs parents les firent venir devant eux, et le roi leur dit :

— Vous voilà en âge de montrer vos talents et votre courage : vous partirez demain tous les trois pour aller chercher le Merle blanc qui ramène les vieilles gens à l'âge de quinze ans et la Belle aux cheveux d'or. Celui qui parviendra à les amener ici aura notre royaume.

Le lendemain, les fils du roi se mirent en route, bien armés et

munis de l'argent nécessaire pour le voyage qui devait être long : en suivant les indications qui leur avaient été données de marcher du côté de l'Orient pour arriver au but de leur entreprise, ils parvinrent à un carrefour où trois routes se présentèrent à eux. L'une était large et droite, bien unie et bordée de beaux arbres; ce fut celle-là que choisit Hubert. Poucet en prit une autre, qui était la plus rapprochée de celle dont son aîné avait fait choix ; puis ils dirent à leur frère :

— Quel chemin vas-tu suivre ?

— Celui que vous m'avez laissé, puisque vous avez d'abord pris chacun celui qui vous paraissait le meilleur.

Ils se séparèrent, et après plusieurs jours de marche, les deux aînés arrivèrent à un endroit où les deux routes n'en formaient plus qu'une seule, et ils se mirent à voyager ensemble, demandant partout où ils passaient s'ils étaient encore bien éloignés du lieu où se trouvaient le Merle blanc et la Belle aux cheveux d'or. Beaucoup riaient en entendant ces paroles, et les autres disaient qu'on avait vu bien des gens passer pour aller tenter l'entreprise, mais qu'aucun d'eux n'était revenu.

Le chemin dans lequel s'était engagé le petit roi Jeannot était raboteux et coupé par des fondrières, et la marche y était pénible. Il ne se laissa pas rebuter par les obstacles, et bientôt il arriva dans un bourg où quelques maisons couvertes en chaume étaient bâties autour d'une petite église : à la porte du cimetière, il vit un mort étendu par terre, et enveloppé d'un mauvais drap de lit.

Il s'agenouilla auprès et fit une courte prière, puis il demanda à des personnes du pays qui, assises sur le pas de leur porte, le regardaient curieusement, pourquoi on laissait ainsi un chrétien sans sépulture.

— Le défunt, lui dit-on, était un mendiant trop pauvre pour payer son enterrement, et suivant l'usage d'ici, les prêtres ne mettent les corps en terre sainte que lorsqu'on a réglé d'avance ce qui leur est dû pour leur déplacement.

— Bonnes gens, dites au recteur de venir enterrer ce pauvre homme, je me charge de tous les frais.

Le petit roi Jeannot assista dévotement à la cérémonie, et après

que la dernière pelletée de terre eut été jetée sur le défunt, il se remit en route.

Comme il arrivait à un carrefour où il y avait une croix de pierre, il vit un petit renard qui, assis sur la terre, ne se dérangea pas à son approche et lui dit :

— Où vas-tu, mon ami ?

— Je ne sais pas trop, mon pauvre renard : je suis fils de roi, et par l'ordre de mon père, nous sommes partis, mes deux frères et moi, pour aller chercher le Merle blanc qui ramène les vieilles gens à l'âge de quinze ans, et la Belle aux cheveux d'or. Celui qui pourra les amener au château sera roi, et comme tu le penses,  nous sommes tous bien désireux de nous emparer de ces deux merveilles. Mais j'ai peur de ne pouvoir y parvenir, car je ne connais même pas la route qui mène à l'endroit où elles se trouvent.

— Ce sera toi qui les auras, dit le petit renard ; je suis l'âme du pauvre homme que tu as fait enterrer, et pour te récompenser de ta charité, j'ai obtenu de Dieu la permission de venir t'aider. Suis ce chemin en allant toujours dans la direction du soleil de midi ; mais ne te décourage pas, car la route est longue. L'oiseau se trouve près d'un château, dans une cage grossière ; il faudra l'y laisser, et te garder bien de le mettre dans une belle cage que tu verras tout à côté. Le Merle blanc serait si joyeux du changement qu'il sifflerait en signe d'allégresse, et les gens du château se hâteraient d'accourir et de te faire prisonnier. Plus tard je te dirai comment tu pourras t'emparer de la Belle aux cheveux d'or.

Le renard disparut, et le petit roi Jeannot se remit en marche ; il chemina bien des jours et bien des nuits, et arriva enfin à un château qui paraissait plus grand et plus beau que celui de son père. Tout alentour était un jardin avec des arbres comme Jeannot n'en avait jamais vu. En s'y promenant, il aperçut le Merle blanc qui

était dans une vilaine petite cage, aussi grossièrement faite que celle que les enfants de la campagne fabriquent pour élever les oisillons ; il prit l'oiseau, mais au lieu de suivre le conseil du renard, il le plaça dans une grande cage toute dorée qui était à côté. Aussitôt le Merle se mit à chanter pour montrer sa joie ; et une foule de gens sortirent du château et s'emparèrent de Jeannot.

Ils le jetèrent dans un cachot construit en pierres de taille, fermé par une grosse porte en chêne, et où la lumière ne parvenait que par un étroit soupirail garni d'énormes barres de fer. Mais le petit renard vint à son secours ; après avoir reproché à Jeannot de lui avoir désobéi, il lui dit de le suivre : alors la porte massive s'ouvrit devant lui ; il fit sortir Jeannot du château sans être aperçu des gardiens, puis il le conduisit à l'endroit où le Merle blanc était dans sa belle cage.

Lorsque Jeannot s'en fut emparé, le Renard lui dit :

— Tu vas suivre cette route jusqu'à ce que tu arrives à un cimetière abandonné ; tu y verras une tête de mort que tu prendras pour la mettre dans les griffes du lion qui garde la Belle aux cheveux d'or ; mais aie bien soin de choisir le moment où il est endormi, car s'il était éveillé et t'apercevait, il te brûlerait : sa bouche jette le feu à plus de sept lieues loin et consume tout. Le Merle blanc t'indiquera le chemin qu'il faut prendre pour aller à l'endroit où la Belle est prisonnière.

Le petit roi Jeannot marcha longtemps avant d'arriver au cimetière, où il prit la tête de mort; ensuite le Merle blanc lui indiqua le chemin qu'il devait suivre, et quand son maître était lassé, il lui sifflait de jolis airs qui lui faisaient oublier la fatigue.

Après avoir traversé une forêt dont les arbres étaient si épais et si touffus que le soleil ne pouvait passer au travers, Jeannot aperçut un grand château, dont toutes les portes étaient ouvertes, mais on ne voyait personne pour le garder. Il parcourut avec précaution, et les pieds nus pour ne pas faire de bruit, une longue suite d'appartements, au bout desquels il vit le lion qui gardait la Belle aux cheveux d'or. Quand le monstre se sentait envie de dormir, il prenait entre ses énormes pattes la tête de la jeune fille, de peur qu'on ne la lui enlevât pendant son sommeil.

Lorsque Jeannot était entré dans le château, le lion, sentant qu'il allait bientôt sommeiller, tenait la Belle entre ses griffes, et il bâillait en fermant à moitié les yeux. Le Merle se mit à siffler un air si doux que le lion s'endormit tout à fait. Alors Jeannot se montra, mit un doigt sur sa bouche pour indiquer à la jeune fille qu'il fallait se taire, et, s'avançant sur la pointe du pied, il ôta doucement

d'entre les pattes du lion la tête de la Belle aux cheveux d'or, et mit à la place la tête de mort qu'il avait trouvée dans le cimetière.

Alors la Belle aux cheveux d'or le suivit sans mot dire, et il se hâta de quitter le château avant le réveil du lion.

Le petit roi Jeannot était bien joyeux, et il marchait gaiement

pour retourner chez ses parents avec les deux merveilles dont il s'était emparé. Après quelques jours de route, et près de l'endroit où il avait trouvé le Merle blanc, il rencontra ses deux frères qui virent bien qu'il ne leur restait plus qu'à rebrousser chemin, puisque Jeannot était en possession de ce qu'ils étaient venus chercher.

Ils semblaient contrariés de la réussite de leur cadet ; ils lui parlaient peu, et cheminant derrière lui, ils jetaient des regards d'envie sur les trésors qu'il avait.

Comme ils passaient par un sentier étroit qui côtoyait un précipice, Hubert poussa violemment son frère qui y tomba, laissant échapper la cage qu'il tenait à la main, et dont Poucet s'empara aussitôt ; puis tous deux continuèrent leur route, après avoir forcé la Belle aux cheveux d'or à les suivre.

La chute du petit roi Jeannot avait été amortie par des ronces et des ajoncs auxquels il s'était accroché quand il se sentit dégringoler, et l'endroit du précipice où il tomba était couvert d'un épais buisson qui déchira ses habits, mais l'empêcha de se faire mal. Il se releva, et se mit à regarder pour voir s'il était possible de s'échapper du précipice ; mais les bords en étaient escarpés comme un mur, et il était si profond que les arbres qu'on apercevait en haut paraissaient à peine aussi grands que des touffes d'ajoncs.

Quand il vit qu'à moins d'un miracle il lui serait impossible de se sauver, il s'assit sur une pierre, et il se désolait en pensant qu'il allait mourir de froid et de faim, loin de ses parents.

— Ah ! disait-il en pleurant, c'est ici que j'aurais bien besoin de mon petit renard.

Comme il achevait ces mots, le renard se montra au haut de l'escarpement et lui dit :

— Te voilà dans une fâcheuse situation, mon ami.

— Hélas! je suis dans la peine et dans la misère; mes frères m'ont précipité dans ce gouffre pour s'emparer du Merle blanc et de la Belle aux cheveux d'or, et je ne sais comment je pourrai sortir d'ici.

— Ne t'afflige pas, mon ami; je suis venu pour t'aider. Je vais allonger ma queue jusqu'à ce qu'elle arrive à toi : tu la prendras dans ta main, et tu te hisseras jusque sur le haut.

Le petit roi Jeannot saisit la queue du renard et se tira du précipice. Alors le petit renard lui dit :

— Que vas-tu devenir, mon ami?

— Hélas! je ne sais pas, et j'aurais encore bien affaire de vos conseils.

— Retourne au château de ton père, et présente-toi comme un médecin qui passe par là, et qui vient voir s'il n'y a pas quelqu'un qui ait besoin de ses soins. Il ne te reconnaîtra pas d'abord sous ton nouveau costume, car les fatigues du voyage t'ont changé et bruni. Quant à moi, mon rôle est fini, et tu ne me reverras plus, car tu as surmonté les dangers les plus grands.

Aussitôt le petit renard disparut, avant que le petit roi Jeannot eût eu le temps de le remercier.

Le jeune homme continua sa route, et s'étant habillé en médecin, il arriva au château de son père. Il demanda à le voir, et quand il fut en sa présence, il le salua poliment, et lui dit qu'il n'avait pas voulu passer devant un château aussi considérable sans venir offrir ses services au maître de la maison, au cas où il aurait eu quelqu'un à soigner.

— Je ne sais, dit le roi, si vous serez plus habile que vos confrères. Le Merle blanc qui ramène les vieilles gens à l'âge de quinze ans et la Belle aux cheveux d'or sont ici depuis quelques jours ; ils

ne veulent ni boire ni manger et ne font que pleurer, et les médecins ne savent que leur faire.

— Si vous voulez me les montrer, j'essaierai de les guérir, dit Jeannot, et je serai peut-être plus heureux que les autres.

Le roi le mena à l'endroit où était le Merle blanc, triste et morfondu dans sa belle cage. Dès que l'oiseau aperçut le petit roi Jeannot, il agita ses ailes, et s'écria :

— Ah ! voici celui qui m'a tiré de la vilaine cage et mis dans la belle !

Aussitôt il siffla un air joyeux, et bientôt il mangea avec avidité les graines qui étaient devant lui.

Lorsque le petit roi Jeannot entra dans la chambre où la Belle aux cheveux d'or était assise et pleurait, elle essuya ses larmes et dit en souriant :

— Voici mon sauveur, celui qui m'a délivrée des griffes du lion !

Alors Jeannot se jeta aux pieds de son père qui le reconnut et l'embrassa, et sa mère fut aussi bien joyeuse, car elle avait cru que son fils était perdu.

Le roi apprit la méchanceté des deux aînés qui avaient voulu tuer

Jeannot pour s'emparer des merveilles qu'il avait conquises, et avoir la couronne : il les chassa et les maudit.

Il donna ensuite son royaume au petit roi Jeannot, qui épousa la Belle aux cheveux d'or et vécut heureux jusqu'à la fin de ses jours.

Conté en 1878, par Marie Huchet, d'Ercé-près-Liffré (Ille-et-Vilaine), âgée de 13 ans, fille du jardinier du Bordage. Elle a appris ce conte de sa mère, élevée non loin de là dans la commune d'Andouillé, et qui le tient de « son père de nourrice ».

Aussitôt alors il vit sur la mer un vaisseau. (Page 197.)

LE CAPITAINE PIERRE

Il y avait une fois un capitaine au long cours qui s'appelait Pierre. Il fut longtemps sans avoir un navire à commander, et comme il s'ennuyait de rester à terre, il quitta Saint-Malo, et partit pour aller voir si dans les autres ports de France il serait plus heureux. Il fit plusieurs démarches inutiles, mais il ne se découragea pas pour cela, pensant qu'on finirait par lui confier un navire.

Un jour qu'il passait auprès d'une montagne, il vit un homme qui appuyait les mains dessus comme s'il voulait l'empêcher de tomber :

— Que fais-tu là, l'ami? demanda le capitaine.

— Je soutiens cette montagne, et il y a cent ans que je suis occupé à cette besogne.

— Tu es fort, dit le capitaine ; veux-tu venir avec moi et voyager sur mer? Tu n'auras pas à t'en repentir.

— Volontiers, répondit l'homme qui se nommait Pierre-Joseph. Il cessa d'appuyer la montagne et fit route avec le capitaine.

Comme ils traversaient une forêt, ils virent un homme qui ramassait du bois; mais au lieu de casser les branches, il arrachait les plus gros chênes, et, pour lier ses fagots de haute futaie, tordait des arbres gros comme la cuisse.

— Tu es fort, mon garçon, dit le capitaine, veux-tu venir avec moi sur mer?

— Cela n'est pas de refus, répondit l'homme aux fagots qui se nommait Pierre-Marie.

Les trois voyageurs continuèrent à marcher, et quand ils furent arrivés à Marseille, le capitaine trouva enfin un navire à commander. C'était un vaisseau de trois mille tonneaux, et il mit à la voile, n'ayant pour équipage que le capitaine Pierre et les deux hommes qu'il avait rencontrés sur sa route, mais ils étaient si forts qu'ils suffisaient à la manœuvre.

Le commencement du voyage se fit avec bon vent et mer belle; mais le beau temps ne dura pas toujours, et il s'éleva une tempête si violente que le capitaine n'en avait jamais vu de pareille; le navire fut balloté pendant trois jours, puis il fut poussé à la côte et vint échouer sur le sable à peu de distance du rivage. Les hommes qui le montaient se sauvèrent tous les trois, et, comme le pays était désert, avec les débris du navire, ils construisirent une petite maison auprès d'un gros rocher, et ils recueillaient avec soin les caisses de biscuit et de lard que la mer jetait sur le rivage. Quand le temps était beau, ils retournaient au navire et amenaient à terre tout ce qu'ils pouvaient emporter.

⁂

Ils ne tardèrent pas à s'ennuyer de toujours manger de la viande salée. Le capitaine dit à ses compagnons :

— Nous allons chasser dans la forêt pour avoir de la viande fraîche, et celui qui restera à la maison pour faire la cuisine sonnera la cloche à midi pour avertir les autres.

Ils avaient apporté à terre la cloche du bord et l'avaient installée à la porte de leur cabane.

Ce fut Pierre-Joseph, celui qui soutenait les montagnes, qui resta à faire la cuisine. Comme il était en train de préparer les écuelles et de tailler le biscuit pour la soupe, la porte s'ouvrit, et il vit entrer un petit bonhomme qui n'avait pas plus de trois pouces de haut. Il claquait des dents, et disait d'une voix grêle :

— Hou hou hou! que j'ai froid!

— Passe dans le foyer, petit homme, et chauffe-toi, répondit Pierre-Joseph.

Pendant que le marin était occupé à tailler le biscuit avant de tremper la soupe, le nain souleva le couvercle de la marmite et se mit à jeter des poignées de cendres dans le pot-au-feu :

— Que fais-tu là, vilain petit ver de terre, toi qui ne pèserais pas plus entre mes mains qu'un grain de poussière! cria Pierre-Joseph. Attends, je vais te corriger.

Mais ce fut le nain qui le frappa, et après l'avoir battu comme plâtre, il le fourra sous l'escalier de la cabane, et s'en alla.

Pendant ce temps les deux chasseurs faisaient lever beaucoup de gibier, et à chaque coup de fusil le capitaine abattait une pièce, tandis que son compagnon ne tuait rien. A midi ils n'entendirent pas sonner la cloche, mais pensant qu'il était arrivé quelque chose en leur absence, ils retournèrent à la maison. Ils trouvèrent Pierre-Joseph étendu sous l'escalier et tout pâle, et comme après l'avoir relevé ils lui demandaient comment il était tombé, il répondit qu'en allant chercher du sel, il avait été pris par une crampe. On trempa la soupe, et en la mangeant le capitaine et son compagnon faisaient la grimace, et traitaient Pierre-Joseph de mauvais cuisinier, parce que le bouillon était plein de cendres :

— Je ne sais, répondait-il, comment cela s'est fait.

Le lendemain ce fut au tour de Pierre-Marie, l'homme qui arrachait les chênes, de rester à la maison, et en allant à la chasse avec le capitaine, Pierre-Joseph pensait que son camarade serait attrapé tout comme lui.

Pierre-Marie faisait cuire un ragoût ; il vit aussi la porte s'ouvrir et le petit homme haut de trois pouces entrer en grelottant et en criant :

— Hou hou hou ! que j'ai froid.

— Chauffe-toi dans le foyer, petit bout d'homme, répondit-il.

Pendant que le marin avait le dos tourné, le nain prit un morceau de bois, avec lequel il mêlait le ragoût en y jetant des poignées de cendres, et la casserole ne tarda pas à déborder.

A cette vue Pierre-Marie s'approcha tout en colère, mais au moment où il levait la main sur le nain, celui-ci se mit à le battre, et après l'avoir tout meurtri, il le fourra derrière la porte.

Cependant le capitaine avait comme la veille fait bonne chasse, et son matelot manquait toujours le gibier. A midi, il regarda à sa montre et dit :

— Tiens, l'heure est passée et on n'entend pas la cloche. Voilà qui est singulier.

Le matelot se garda bien de répondre qu'il se doutait de ce qui était arrivé, et il suivit son capitaine sans mot dire. En rentrant à la maison, ils trouvèrent Pierre-Marie affaissé derrière la porte ; et il leur raconta qu'au moment où il allait prendre le balai, il était tombé en faiblesse et n'avait pas eu la force de se relever.

Le lendemain le capitaine dit qu'il garderait à son tour la maison ; en allant à la chasse, les deux matelots se donnaient l'un à l'autre de grands coups de coude, et riaient en disant :

— C'est le capitaine qui va lui aussi être joliment attrapé !

Ils virent du gibier en abondance et tirèrent dessus, mais sans tuer la moindre pièce.

Le capitaine resté seul s'occupa de faire la soupe : le nain entra comme d'habitude en disant :

— Hou hou hou ! que j'ai froid !

— Passe dans le foyer et te chauffe, répondit le capitaine.

Le nain voulut aussi mettre de la cendre dans la marmite, mais le

capitaine, qui ne le quittait pas de l'œil, le saisit sans mot dire par le fond des culottes et l'envoya rouler au milieu de la cabane.

Le petit bonhomme de trois pouces, se voyant vaincu, dit au capitaine :

— Ne me frappe plus et laisse-moi tranquille, je vais t'enseigner une belle chose. Mais toi qui es fort, lève cette pierre à laquelle est adossée la cabane.

— Je ne puis, répondit le capitaine après avoir essayé.

— Alors je suis plus fort que toi, dit le nain. Il déplaça facilement le rocher, et au-dessous de l'endroit où il touchait la terre s'ouvrait un trou dont on ne voyait pas le fond.

— Tu vas prendre, poursuivit le nain, les cordages qui sont dans les débris de ton navire, et en les mettant bout à bout tu feras une longue corde, puis tu y attacheras un panier et tu te feras descendre au fond du souterrain. Quand tu y seras arrivé, je te dirai par quel moyen tu pourras délivrer trois princesses qui y sont prisonnières.

En finissant ces mots, le nain disparut par le trou, et la pierre retomba aussitôt et le couvrit.

*
* *

A midi, le capitaine sonna la cloche, et les matelots furent très étonnés de l'entendre et de trouver le repas bien apprêté.

Après le dîner, le capitaine Pierre ordonna à ses matelots d'aller ramasser parmi les débris du navire tous les cordages qu'ils pourraient trouver, et de les réunir ensemble pour en former un long câble ; quand les cordes eurent été mises à bout, elles avaient au moins sept cents pieds de longueur.

A eux trois ils parvinrent à soulever le rocher qui bouchait le souterrain et le capitaine dit :

— Maintenant nous allons essayer de descendre jusqu'au fond.

Ce fut Pierre-Marie qui le premier entra dans le panier, et on lui remit une clochette en lui disant de sonner s'il rencontrait un obstacle ou s'il avait peur ; puis on laissa doucement glisser la corde. Mais dès que le matelot se sentit suspendu en l'air et qu'il ne vit plus le jour que par l'ouverture du puits, il sonna la chochette et on se hâta de le remonter. Pierre-Joseph se mit à son tour dans le panier, et il descendit un peu plus que son camarade ; mais il ne tarda pas à son tour à être effrayé, et il fit retentir la clochette pour dire aux autres qu'il ne voulait pas aller plus loin.

Le capitaine se plaça dans le panier, et dit à ses matelots :

— Vous laisserez glisser la corde jusqu'à ce qu'il ne vous en reste plus qu'un petit bout, et vous vous tiendrez ensuite près du trou pour me remonter.

Le capitaine avait pris avec lui une canne qui pesait sept ou huit cents livres, et tout en descendant, il sondait pour voir s'il trouvait le fond, mais il ne rencontrait que le vide. La corde fut toute filée avant qu'il arrivât au fond du souterrain, et quand elle cessa de glisser, l'ouverture du puits ne paraissait pas plus grosse qu'une étoile. Alors il se laissa tomber hors du panier et arriva sans trop se faire de mal à l'endroit où finissait le souterrain.

Il y faisait noir comme dans un four, et le capitaine Pierre se dirigea d'abord en tâtant le terrain avec sa canne ; mais à force de regarder il aperçut une petite lumière, vers laquelle il marcha, et il se trouva devant la petite cabane d'où partait la lueur.

Quand il y fut entré, il sentit qu'il avait faim, et il dit tout haut :

— Ah ! si j'avais quelque chose à manger, cela me ferait du bien.

Aussitôt une table toute servie et où rien ne manquait se montra devant le capitaine ; il mangea avec appétit ; puis son repas fini, il se sentit fatigué et dit :

— Maintenant, si j'avais un lit, je ferais bien un somme.

Et à la minute un lit vint se placer dans un coin de la cabane. Le capitaine s'étendit dessus et dormit pendant deux heures ; puis il se réveilla en sentant à l'oreille une piqûre, légère comme celle d'une mouche. C'était le petit bonhomme haut de trois pouces qui s'était assis sur l'oreiller et l'avait un peu pincé. Il demanda au capitaine s'il se sentait le courage de tenter les aventures.

— Je suis prêt, répondit-il.

Le nain l'emmena dans un pays qui semblait éclairé par la lumière du soleil, et ils entrèrent dans une ferme où, sur le conseil du nain, le capitaine acheta cent moutons, deux cents vaches, quatre cents bœufs et, sauf l'honneur de la compagnie, huit cents cochons ; et il mit dans les conditions de son marché qu'on lui fournirait des charrettes pour mener toute cette victuaille et des gens pour les conduire où il voudrait.

— Maintenant, lui dit le petit bonhomme, tu vas aller à un château que je vais te montrer ; il est gardé par des bêtes féroces qui ont faim : tu leur jetteras des morceaux de viande jusqu'à ce que toutes soient rassasiées, et c'est alors seulement que tu pourras entrer au château et délivrer la princesse.

En arrivant au portail, le capitaine Pierre vit deux lions enchaînés qui rugissaient à faire peur, et la cour était remplie de toutes sortes d'animaux qui criaient épouvantablement. Il leur jeta des quartiers de viande, et quand il leur eut donné le dernier morceau, ils cessèrent de hurler et de rugir, et le laissèrent passer.

Il entra dans le château qui était superbe, et, après avoir parcouru un grand nombre de pièces, il arriva à une belle chambre où une princesse étendue sur un lit dormait tout habillée. Il lui posa la main sur le front, et aussitôt elle se réveilla en s'écriant :

— Qui donc est ici?

— C'est un homme qui est venu pour vous délivrer, répondit le capitaine.

La demoiselle le suivit très volontiers ; il l'emmena à la cabane, et elle le pria de songer à ses deux sœurs qui étaient plus belles qu'elle et qui elles aussi étaient enchantées.

— Je le sais, répondit Pierre, et je veux aussi les délivrer.

Par le conseil du petit bonhomme de trois pouces, il alla à une autre ferme et il acheta deux cents moutons, quatre cents vaches, huit cents bœufs, et douze cents cochons (en vous respectant), et se munit de charrettes et de charretiers pour les conduire.

Il arriva à un autre château, et avant de pénétrer dans l'endroit où était la princesse, il avait à franchir cinq cours pleines de bêtes féroces : au portail se trouvaient deux ours qui n'étaient pas enchaînés. Pierre leur jeta de la viande, et ils devinrent si doux qu'ils se laissaient caresser avec la main ; il donna ensuite à manger aux autres bêtes, et quand sa provision fut épuisée et que chacune eut son morceau, elles le laissèrent passer, et il emmena la seconde princesse à la cabane.

— Pour délivrer la troisième princesse, lui dit le nain, il n'est pas besoin de viande ; mais l'entreprise n'en est pas plus facile pour cela : elle est gardée par des moustiques, et l'on ne peut échapper à leur piqûre.

— Avec ma canne je ferai le moulinet, répondit le capitaine, et je les empêcherai de m'approcher.

Quand il ouvrit la porte du troisième château, il vit que les appartements étaient remplis de moustiques, aussi nombreux et aussi serrés que les fourmis dans une fourmilière : au lieu d'essayer de se frayer de vive force un passage avec sa canne, il laissa les portes toutes grandes ouvertes, et les moustiques sortirent pour aller prendre l'air. Lorsqu'il vit qu'il n'en restait plus un seul, il entra tranquillement et vit une princesse gentille comme les amours qui dormait toute habillée sur un lit. Il la réveilla en lui touchant le front, et elle le suivit à la cabane, où elle fut bien joyeuse de retrouver ses sœurs.

Le capitaine alla voir si le panier était encore là, et il remarqua avec plaisir qu'il était à peu de distance du fond du souterrain.

— Maintenant, lui dit le nain, il faut que tu retournes là-haut avec les princesses, et quand tu y seras, tu frapperas sur la terre avec cette baguette en demandant un navire pour te ramener en France.

Le capitaine plaça dans le panier une des princesses, et les ma-

telots, qui sentaient la corde remuer, hissèrent le panier, tout en se disant qu'il n'était guère lourd.

Lorsqu'il arriva à l'orifice du souterrain, ils y virent une jeune dame qui sauta à terre, et comme ils la trouvaient jolie, ils se disputèrent à qui l'aurait et ils se battirent sans songer au capitaine :

Pierre-Joseph terrassa son camarade, et il fut convenu qu'il pourrait seul faire la cour à la princesse.

Ils descendirent une seconde fois le panier, qui bientôt remonta apportant une dame plus belle que la première ; ils se battirent encore pour elle, et cette fois ce fut Pierre-Marie qui resta vainqueur.

Alors, malgré les prières des princesses, ils laissèrent là le panier et s'en allèrent dans la cabane, en les emmenant avec eux.

.

Le capitaine, ne voyant plus redescendre le panier, cria de toutes ses forces et agita la clochette ; mais ce fut inutile, et il resta seul dans le souterrain avec la troisième princesse. Il était bien chagrin de se voir abandonné ; mais il se souvint d'avoir vu le nain remonter facilement jusqu'au haut du puits.

— Il faut, pensa-t-il, que je l'attrape et que je lui demande son secret pour monter sans échelle.

Il se mit à sa recherche et, l'ayant aperçu qui passait sur un pont, il courut après lui et l'atteignit.

— Ah ! lui dit le petit bonhomme, tes compagnons t'ont laissé ici : je pensais bien que cela arriverait.

— Hélas ! répondit-il, ils m'ont abandonné ; enseigne-moi ton secret pour remonter.

— Non, non, tu ne le sauras jamais.

— Je vais te tuer, si tu ne veux pas me l'enseigner.

— Non, cria le nain, jamais je ne te dirai comment je fais pour aller là-haut ; mais je vais prendre mon livre et appeler les oiseaux : il y en aura sans doute qui seront assez forts pour te ramener à l'endroit d'où tu es parti.

Le nain prit son livre, et nomma les oiseaux par leur nom : il en vint de tous plumages, de toutes grosseurs et de toutes formes ; mais aucun n'était capable de porter jusque sur la terre le capitaine et la princesse. Il jeta encore les yeux sur son livre, et s'aperçut qu'un vieil aigle manquait à l'appel. Il lui cria de venir, et quelques instants après l'oiseau parut.

— D'où viens-tu donc ? demanda le nain en colère ; tu n'as pas répondu quand je t'ai appelé en même temps que les autres.

— J'étais, répondit l'aigle, occupé à déchirer la chair d'un vieux cheval.

— Pour ta peine de t'être attardé, tu vas prendre sur ton dos cet homme et cette jeune fille et les monter jusque sur la terre de là haut.

— Oui, dit l'aigle, je veux bien, mais à la condition qu'on me donne un morceau à manger toutes les fois que je crierai : « Couac ! » en ouvrant le bec.

Le capitaine fit une provision de viande, et il monta avec la prin-

cesse sur le dos du vieil aigle. A chaque coup d'aile, l'oiseau disait: « Couac ! » et engloutissait un morceau de viande ; au moment où ils n'étaient plus qu'à quelques pieds de l'ouverture, le dernier morceau disparut dans le bec de l'oiseau, et comme il criait encore : « couac ! » le capitaine coupa une petite tranche de sa cuisse et la présenta à l'aigle, qui donnant un dernier coup d'aile, arriva à l'ouverture du puits.

— Ouf! dit le capitaine en sautant à terre, nous voilà sauvés; mais cela n'a pas été sans peine.

⁎

En entrant dans la cabane, il ne trouva plus ses deux compagnons qui s'étaient enfuis en emmenant les princesses avec eux. Il se souvint alors de la baguette que le nain lui avait donnée, et il frappa la terre en disant :

— Je souhaite qu'un vaisseau tout rouge et monté par des matelots rouges arrive ici pour me transporter en France.

Aussitôt il vit sur la mer un vaisseau peint en rouge, qui, toutes voiles dehors, se dirigeait vers le rivage. Il s'arrêta à peu de distance, et une baleinière vint chercher le capitaine et la princesse. Quand il mit le pied à bord, on tira le canon en son honneur, et l'équipage rangé sur la lisse le salua comme son capitaine.

Le vaisseau rouge fit une heureuse traversée et arriva à Paris le jour même où les deux compagnons devaient se marier avec les filles du roi qu'ils avaient ramenées; en entrant dans le port, le capitaine tira cent coups de canon.

— Voilà, dit le roi de France, un vaisseau qui me salue; il faut inviter le capitaine au repas de noces, puisqu'il est si honnête.

Le capitaine se rendit à l'invitation du roi, et il se mit à table avec les autres invités. A la fin du dîner, chacun raconta ses aventures, et les deux matelots dirent qu'ils avaient délivré les princesses enfermées dans le souterrain :

— Ce n'est pas vrai, s'écria le capitaine, c'est moi qui suis descendu dans le puits, et vous m'avez abandonné, laissant avec moi la plus jeune des filles du roi, et sans vous occuper de ce que je pourrais devenir.

Quand les matelots entendirent cela, ils reconnurent leur capitaine et auraient bien voulu être loin de là ; mais le capitaine Pierre, qui n'était pas rancuneux, leur dit de rester, et qu'il leur pardonnait.

Ils épousèrent les deux princesses, et lui il se maria avec la plus jeune qui était la plus belle des trois. Ils firent à cette occasion un grand repas auquel ils m'invitèrent, et je ne les ai jamais revus depuis.

Conté en 1879 par Eugène Depays de Saint-Cast, matelot, âgé de 20 ans environ.

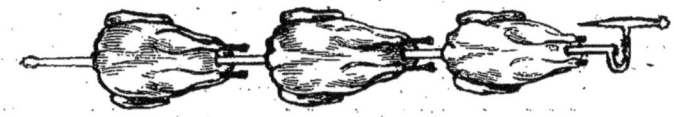

Il marchait rondement, poussé par un vent favorable. (Page 204.)

LA HOULE DE CHELIN [1]

Il y avait une fois un marin de Saint-Cast qui alla s'embarquer à bord d'un navire de Saint-Malo qui devait faire un voyage de

deux ou trois ans dans les pays chauds, et le capitaine avait eu soin de choisir des hommes jeunes et robustes.

[1] Sur le littoral de la Manche compris entre Cancale et Erquy, on donne le nom de *houle* à des grottes creusées par la mer dans les falaises. Il y a des houles à Saint-Briac, à Saint-Jacut, à Saint-Cast, à Plévenon, etc., qui ont toutes leurs légendes.

Quelques jours après que le vaisseau eut pris la mer, le matelot fit connaissance d'un homme de l'équipage qui avait l'air bien plus âgé que les autres, et qui lui dit :

— Est-ce que tu n'es pas de Saint-Cast, toi ?

— Si, répondit le matelot.

— Alors tu dois connaître la Houle de Chêlin.

— Je l'ai vue maintes et une fois, répartit le matelot; c'est une grotte qui ne paraît guère profonde.

— Guère profonde ? tu ne saurais deviner jusqu'où elle se prolonge.

— Où finit-elle donc ? Va-t-elle plus loin que la Roulette, et s'étend-elle jusque sous le village de l'Isle ?

— Tu n'y es pas, mon garçon ; connais-tu Lamballe ?

— Oui, j'y suis allé quelquefois.

— Eh bien! la Houle de Chêlin va jusque sous la cathédrale de Lamballe.

La conversation en resta là ; le matelot de Saint-Cast était bien étonné de ce qu'il venait d'apprendre ; et il crut que son camarade faisait une plaisanterie.

Le lendemain, le capitaine qui se promenait sur le pont avisa le vieux marin, et il s'arrêta très surpris de son air ancien et cassé.

— Voilà qui est étrange, pensait-il, je croyais n'avoir à mon bord que des jeunes hommes, et voici un matelot qui paraît vieux comme les chemins.

— D'où venez-vous, mon ami ? dit-il en s'approchant.

— De Saint-Malo, répondit le matelot : ne le savez-vous pas? je suis inscrit à votre rôle d'équipage sous le nom de Faïto qui est le mien.

— Vous me paraissez bien âgé, et pourtant je croyais n'avoir engagé que des matelots jeunes et robustes.

— Vous me trouvez vieux, capitaine, répondit Faîto, je suis pourtant un jeune homme parmi ceux de ma race.

— De quelle race êtes-vous donc?

— Je suis de la race d'Antifer.

Le capitaine s'en alla après cette réponse, et laissa Faîto continuer son ouvrage.

Cependant le matelot de Saint-Cast, en songeant à la conversation qu'il avait eue avec Faîto, prit peur, et vint trouver le commandant du navire.

— Capitaine, lui dit-il, cet homme-là me paraît sorcier; je ne l'ai jamais vu à Saint-Cast, et pourtant il m'a parlé de la Houle de Chêlin qui est une grotte de mon pays, tout près de la maison de ma mère, et il m'a assuré qu'elle se prolongeait jusqu'à Lamballe.

— Cela me semble aussi étrange qu'à toi, répondit le capitaine; aussi, dès que nous toucherons la terre, je tâcherai de le débarquer.

Quand le navire aborda dans un port, le capitaine fit venir Faîto et lui dit :

— Mon ami, vous faites bien votre service, et je n'ai rien à vous reprocher ; mais vous êtes trop vieux pour le voyage que nous entreprenons : voici votre paye, et même quelque chose en plus ; je vais vous faire conduire à terre.

— Comme vous voudrez, capitaine, répondit Faîto.

Il descendit dans un canot, et on le déposa sur les quais du port, pensant qu'on ne le reverrait plus.

Le navire continua sa route vers les Antilles, et il marchait rondement, poussé par un vent favorable. Un jour qu'il naviguait loin de toute terre, et que les hommes du bord ne voyaient plus que le ciel et la mer, ils aperçurent un vaisseau qui se dirigeait vers eux toutes voiles dehors, et ils ne tardèrent pas à reconnaître qu'ils avaient affaire à un pirate.

Le capitaine, voyant que la fuite était impossible, fit apporter sur le pont toutes les armes qu'il avait, et les distribua à ses hommes qu'il exhorta à se défendre de ces mauvaises gens qui voulaient les égorger et les voler. Quand les deux navires furent bord à bord, on vit le matelot Faîto qui était parmi l'équipage du pirate et semblait le guider. Les marins de Saint-Malo se battirent avec courage, et ils furent plus forts que les pirates ; ils les tuèrent jusqu'au dernier, sans épargner Faîto, puis ils coulèrent le vaisseau forban.

Ils étaient bien contents de leur victoire, et se réjouissaient surtout de la mort de Faîto :

— Je craignais cet homme, disait le capitaine ; à présent j'en suis débarrassé, et nous n'avons plus à redouter ses sorcelleries.

Le navire continua sa route sans accident, et pendant quatre ans il fit le cabotage aux Antilles. Au bout de ce temps, il revint à Saint-Malo. Le marin de Saint-Cast débarqua comme les autres, il retourna au village de la Roulette où demeuraient ses parents et il ne pensait pas plus à Faïto que si jamais il ne l'avait rencontré.

*
* *

Il y avait tout auprès de la Houle de Chêlin une pièce de terre qui bordait la falaise : elle appartenait aux parents du marin et servait de pâture à leurs bestiaux : souvent il les y conduisait quand il allait pêcher à la perche sur les rochers de la pointe du Heussé. Un jour que tout en jetant sa ligne il regardait autour de lui, il vit de loin un homme qui se tenait parmi les rochers à l'entrée de la Houle de Chêlin ; et aussitôt, il songea au matelot Faïto avec lequel il avait navigué quatre années auparavant.

— C'est singulier, se dit-il, de voir un homme à un tel endroit à cette heure de la marée : si c'était le vieux marin ?

Quelques jours après, en allant chercher les vaches qui étaient entravées et passaient la journée dans les champs, il s'aperçut qu'il en manquait une. Il pensa qu'elle s'était trop avancée sur la falaise, et qu'elle avait glissé jusque sur les rochers. Il se mit à sa recherche, et descendit sur la grève par le sentier de la pointe du Heussé, regardant partout s'il ne retrouverait pas le corps de sa vache. Il ne la vit nulle part, mais s'étant approché de l'entrée de la Houle de Chêlin, il remarqua des bouses sur les rochers d'alentour, et il se dit :

— Bien sûr, c'est le matelot Faîto qui est revenu et qui l'a prise pour se venger de moi.

Il raconta la chose à ses parents; mais ils ne voulaient pas le

croire, n'ayant jamais été volés auparavant. Un mois après, deux moutons qui pâturaient dans le même champ disparurent à leur tour.

— Cette fois, dit le matelot, je suis certain que Faîto m'a reconnu, et qu'il m'en veut.

— Vous avez rêvé tout cela, répondaient les femmes.

— Rêve ou non, disait le matelot, je guetterai le coquin, et j'en aurai le cœur net.

Il prit sur son dos un sac de hardes qui venaient d'être lavées, et alla les porter sur un tertre exposé au soleil et au vent, tout près du champ de la Houle; il les étendit pour les faire sécher, puis il se cacha derrière un rocher et chargea son fusil, pensant que peut-être l'homme de la grotte viendrait voler quelques-unes des pièces qui étaient au hâle. Il n'y avait pas dix minutes qu'il était embusqué, quand il vit venir Faîto et une fée qui se mirent à ramasser le linge qu'on avait mis à sécher.

Il ajusta bien le vieux marin et lâcha son coup de fusil, mais, quoiqu'il fût certain de l'avoir touché, Faîto ne lui parut pas plus blessé que s'il avait reçu un coup de balai, et il s'avança vers le jeune marin qui lui dit :

— Ah! c'est toi, mauvais sorcier, qui m'as volé ma vache et mes moutons! tu te rappelles sans doute ce qui s'est passé à bord il y a quatre ans.

— Oui, répondit Faïto, je m'en souviens, et, pour me venger, je te ferai tout le mal que je pourrai.

Les deux hommes se prirent à bras-le-corps; en luttant le pied leur glissa, et ils dégringolèrent le long de la falaise jusque sur les rochers; mais ils ne se firent aucun mal en tombant, et après avoir encore lutté, ils se quittèrent, fatigués tous les deux des efforts qu'ils avaient faits.

*
* *

Dans la maison de la Roulette où le marin demeurait, il y avait trois petits enfants dont le dernier était encore au berceau. Un jour

leur mère alla chercher de l'eau à la fontaine de la Mare et laissa le poupon tout seul à la maison. Pendant qu'elle était absente, on enleva l'enfant de son berceau, et à sa place on mit un marmot qui, bien que tout petit, avait l'air vieux, vieux comme les plus âgés de la paroisse.

Quand la mère revint de la fontaine, elle alla au berceau, et au lieu de son fils, elle aperçut le petit monstre qui y était à sa place; elle jeta un cri, et courut chez sa voisine.

— Ah! lui dit-elle en pleurant, on m'a volé mon enfant, et à sa place on a mis un vilain poupon qui a la mine d'un vieillard.

— Ce sont, répondit la voisine, les fées de Chêlin qui ont fait le changement. Si tu veux ravoir ton fils, voici comment il faut t'y prendre. Tu vas allumer dans le foyer une grande fouée de feu; quand le bois flambera, tu casseras des œufs, et tu mettras les coques tout autour du foyer parmi la cendre, puis tu rempliras d'eau les coquilles comme si tu voulais la mettre à bouillir. Ensuite tu prendras l'enfant sur tes genoux et tu écouteras ce qu'il dira.

La femme se hâta de faire ce que lui avait dit sa commère; et quand le feu fut allumé, et l'eau mise à bouillir dans les coques d'œufs, elle alla chercher l'enfant dans le berceau et l'approcha du foyer comme pour lui réchauffer les pieds.

L'enfant regarda autour de lui d'un air étonné, puis il s'écria :

— Ah! j'ai plus de cent ans,

Jamais je n'avais vu tant de p'tits pots bouillants.

Quand la femme entendit ces paroles, elle saisit un couteau, et s'écria : — Ah! petit sorcier, je vais te tuer!

Aussitôt elle vit paraître devant elle une fée qui lui dit :

— Ne fais pas de mal à mon fils, je vais te rendre le tien.

Elle disparut et revint peu après, apportant l'enfant qui était bien soigné et n'avait eu aucun mal; puis elle dit :

— Je suis de la race d'Antifer, ma vengeance est finie, et je quitte la Houle de Chêlin et le pays.

Elle disparut, et depuis ce temps on ne l'a jamais revue, ni elle, ni ses compagnes ni Faîto.

Conté en 1879, par Rose Renaud, de Saint-Cast.

Il prit sur son dos le jeune pêcheur et s'envola. (Page 249.)

LE CHATEAU SUSPENDU DANS LES AIRS

Il était une fois un pêcheur qui ne possédait pour tout bien qu'une petite cabane au bord de la mer, son bateau et ses filets. Il avait un fils qui allait avec lui à la pêche, et c'était un garçon de si bonne mine que, lorsqu'il passait, tout le monde se détournait pour le regarder. Il avait aussi trois filles presque du même âge et toutes les trois jolies.

Le pêcheur, qui était âgé, mourut ; son fils devint le chef de la famille, et tous les jours il allait à la pêche dans son bateau, afin de gagner de quoi donner à manger à toute sa maisonnée.

Un jour qu'il sortait de chez lui pour aller à la grève, il vit devant sa porte trois seigneurs qui lui demandèrent la permission d'entrer dans sa cabane pour s'y reposer quelques instants, car ils venaient de loin et étaient fatigués. Il y consentit très volontiers et il les reçut de son mieux. Ils s'assirent dans la cabane et ils furent si frappés de la beauté des sœurs qu'ils en devinrent tous les trois amoureux. Quelques jours après ils se marièrent avec elles, et après la noce les trois seigneurs, qui étaient le roi des Poissons, le roi des Oiseaux et le roi des Rats et des Souris, voulurent emmener avec eux leurs épousées. Avant de quitter leur beau-frère, ils lui firent chacun un présent : deux lui donnèrent de pesantes bourses pleines d'or, mais le cadeau du troisième était une vieille tabatière que le pêcheur mit dans la poche de sa vareuse, sans même avoir envie de l'ouvrir, car il pensait que son beau-frère avait voulu se moquer de lui.

Le pêcheur s'ennuya fort après le départ de ses sœurs, et comme il avait la bourse bien garnie, il quitta sa cabane, s'habilla comme un bourgeois cossu, et alla à Paris. Pendant deux ans il y mena joyeuse vie, car il ne manquait de rien, ayant de l'argent plein ses poches ; mais il finit par voir la fin de ses écus, et quand il n'eut plus rien que des dettes, ses amis lui tournèrent le dos, et il fut mis à la porte de sa maison. Il se souvint alors de son village où il avait une petite cabane, et il résolut d'y retourner pour recommencer à mener son métier de pêcheur. Mais quand il arriva à la petite anse où il avait laissé son bateau, il ne le vit plus, car Mistrau (1) l'avait

enlevé, et il ne rtrouva que son grappin et des bouts d'amarres à moitié pourris. Il entra dans sa cabane qui avait aussi bien souffert du vent et de l'hiver, et il se mit à fouiller dans les poches de son cirage pour voir s'il n'y découvrirait pas quelque pièce de cent sous ; mais il eut beau retourner les poches, il n'y avait pas même

---

(1) Vent du nord.

une pauvre pièce de deux sous : il n'y restait plus que la vieille tabatière que son beau-frère lui avait donnée. Il se mit à la regarder et fut sur le point de la jeter dans un coin, mais il pensa qu'elle contenait peut-être du tabac, et il l'ouvrit pour voir. Dès qu'il eut touché au couvercle, il entendit une petite voix qui disait :

— Maître, qu'y a-t-il pour votre service ?

— Ce qu'il y a pour mon service ? murmura le pêcheur bien ébahi d'ouïr parler sans voir personne, il y a beaucoup de choses ; pour le moment, je voudrais bien une table avec un bon dîner dessus.

Aussitôt se dressa devant lui une table couverte de pain et de viandes ; il y avait aussi des bouteilles de vin, et même le café et l'eau-de-vie n'étaient pas oubliés. Le pêcheur qui avait jeûné depuis quelques jours mangea de bon appétit, puis quand il n'eut plus

faim, il rouvrit sa tabatière et lui ordonna de le transporter dans la chambre où dormait la fille du roi. Aussitôt il s'éleva doucement au-dessus des nuages, comme s'il était porté sur les ailes des vents ; bientôt il fut déposé sur un lit bien souple, et il vit à côté de lui une princesse belle comme un jour et qui dormait si tranquillement qu'on entendait à peine son souffle. Le pêcheur resta en extase à la regarder, et au matin il rouvrit sa tabatière pour retourner à sa cabane avant le réveil de la princesse. Pendant trois jours, il se fit servir de bons repas, et pendant trois nuits il resta à regarder la fille du roi qui dormait ; plus il la regardait, plus elle lui plaisait ; mais il ne voulait point la réveiller, de peur de l'effrayer et de lui faire de la peine.

Cependant le père de la princesse fit publier à son de trompe dans tout son royaume et dans les pays voisins, que sa fille était en âge d'être mariée, et qu'il la donnerait à celui qui lui amènerait la plus grande quantité de grains ; car la récolte avait été mauvaise et ses sujets étaient menacés de la famine. De tous côtés on voyait sur les routes des chargements de grains, et des navires dont la cale était remplie de blé. Le jeune pêcheur fut content d'apprendre la promesse du roi ; car il pensait que grâce à sa tabatière, il pourrait peut-être devenir le mari de la princesse qui lui plaisait tant. Il ouvrit sa tabatière et lui demanda des charrettes chargées de blé avec de vigoureux attelages et des charretiers pour les conduire, et tout cela en si grand nombre que personne ne pût en amener autant. Aussitôt, à perte de vue, les routes furent couvertes de chariots et le pêcheur les amena au roi, qui trouva qu'à lui seul il apportait plus de grain que tous les autres ensemble. Il fut déclaré vainqueur, et huit jours après il épousa la princesse qui n'en fut point marrie, parce qu'il était joli garçon.

Le lendemain de ses noces, il ouvrit sa tabatière, et lui demanda un beau château qui serait suspendu au ciel par quatre chaînes d'or au-dessus du palais de son beau-père. Aussitôt il vit dans le ciel un château suspendu par des chaînes d'or : il était si beau que jamais on n'avait vu son pareil, et il brillait comme s'il avait été tout en or. Quand le roi vit ce bel édifice qui reluisait au soleil, il demanda à son gendre ce que cela pouvait être.

— Sire, répondit le pêcheur, c'est mon château que mes ouvriers invisibles ont bâti cette nuit au bas de votre jardin. Si vous voulez venir le visiter vous verrez que rien n'y manque.

Le roi embrassa son gendre, car il était ravi de lui voir un aussi beau château, et, quand il l'eut visité de la cave au grenier, il lui proposa de faire une partie de chasse, et ils se mirent en route tous les deux.

Cependant un des anciens amoureux de la princesse entra au château suspendu par des chaînes d'or pour le visiter, et il aperçut dans un coin une vieille tabatière tout usée. Bien étonné de la voir en ce lieu, il voulut l'ouvrir pour savoir ce qu'il y avait dedans : aussitôt il entendit une petite voix qui disait :

— Maître, qu'y a-t-il pour votre service?

— Ce qu'il y a pour mon service? répondit le seigneur; je veux que le château soit transporté à plus de quatre cent cinquante lieues d'ici.

A l'instant, il sentit le château remuer; et il le vit passer au-dessus des grandes forêts et des vastes mers qu'il traversait en un clin d'œil. Enfin, il le vit s'arrêter au milieu d'un pays où, aussi loin que l'œil pouvait porter, on n'apercevait âme qui vive.

* * *

En revenant de la chasse avec son beau-père, le jeune pêcheur arriva sur un tertre d'où il pensait qu'il apercevrait son château; mais il fut bien surpris de ne plus le voir. Il tâta ses poches et vit qu'il avait oublié sa tabatière. Le roi, voyant que le château avait disparu, entra dans une grande colère, et il jura sa parole de roi que, si avant deux mois son gendre ne lui ramenait pas la princesse, il le ferait écarteler par quatre chevaux.

Le pêcheur était bien triste; mais il pensa que ses beaux-frères pourraient lui aider, et il se mit en route pour aller les voir. Il commença par aller trouver le roi des Poissons; en entrant au palais, il embrassa sa sœur qui était heureuse comme une princesse qu'elle était, et, ayant raconté son malheur à son beau-frère, il lui demanda s'il n'avait pas entendu parler d'un château suspendu au ciel par quatre chaînes d'or.

— Non, répondit le roi des Poissons, je n'en ai point eu connaissance; mais attends, je pense que dans un instant je pourrai te dire où il est.

Il plongea dans la mer, et il assembla tous ses sujets, depuis la baleine jusqu'à la puce de mer, et il leur demanda s'ils n'avaient point vu un château suspendu par quatre chaînes d'or; mais ils déclarèrent tous que c'était la première fois qu'ils en entendaient parler. Comme le roi finissait de les interroger, il vit arriver un vieux

Marsouin qui avait essuyé bien des coups de feu, et bien des tempêtes :

— Et toi, Marsouin, lui demanda le roi, n'as-tu pas vu le château suspendu en l'air par quatre chaînes d'or?

— Non, répondit-il, je ne l'ai pas vu; mais comme je me jouais sur les vagues, j'ai rencontré un aigle qui m'a parlé d'un château suspendu par quatre chaînes d'or; un mariage doit y être célébré dans huit jours, et on y amène tant de viandes pour les invités que l'aigle m'a dit que jamais il n'avait mangé autant.

Le roi des Poissons remercia le vieux Marsouin, puis il sortit de la mer et vint raconter à son beau-frère ce qu'il avait appris.

Le pêcheur le remercia, puis il partit aussitôt pour aller voir son autre beau-frère, le roi des Oiseaux. En arrivant à son palais, il embrassa sa sœur, et ayant raconté ses aventures au roi des Oiseaux, il lui demanda s'il n'avait pas ouï parler d'un château suspendu au ciel par quatre chaînes d'or. Le roi assembla ses sujets, et leur demanda s'ils avaient vu le château ; l'aigle répondit :

— Oui, je l'ai vu; il brille comme de l'or, et un mariage doit y être célébré dans huit jours; ce sera une belle noce, car dès maintenant il y a tant de viandes de toutes sortes qu'hier j'ai pu en manger tant que j'ai voulu.

— Pourrais-tu, demanda le roi, transporter un homme jusque-là?

— Oui, répondit l'aigle; mais auparavant il faut que je mange beaucoup, car la route sera longue.

Pendant toute la nuit on servit des viandes à l'aigle, et il s'en reput jusqu'au jour. Le matin venu, il prit sur son dos le jeune pêcheur, et s'envola pour aller au château suspendu par des chaînes d'or.

Pendant plusieurs heures, l'aigle vola sur une grande mer, si grande qu'on n'y voyait ni terre, ni île, rien que le ciel et l'eau ; mais comme ses forces faiblissaient, il déposa le pêcheur sur un rocher que la marée venait de laisser à découvert, puis il partit à tire d'ailes pour le château des quatre chaînes d'or, afin de s'emplir de nouveau le ventre de viandes, et de pouvoir reprendre l'homme sur son dos.

Le pêcheur resta seul sur le rocher, et le temps lui sembla long, car l'aigle ne revenait point et il savait que la marée haute recouvrait le rocher. Cependant la mer montait, montait, et le pêcheur avait beau regarder de tous ses yeux, il ne voyait point revenir l'aigle. Il se mit debout sur la pointe la plus élevée du rocher ; bientôt l'eau vint l'y trouver, elle baigna ses pieds, puis son genou, elle atteignit sa taille, puis ses épaules, et il ne voyait rien venir. Au moment où la vague lui arrivait jusqu'au menton, l'aigle parut ; et l'ayant pris sur son dos, il le déposa dans la cour du château où les noces devaient être célébrées le lendemain.

*
* *

La femme du pêcheur était à sa fenêtre : elle reconnut son mari et fut bien heureuse de le voir, car elle l'aimait bien, et c'était contre son gré qu'elle l'avait quitté. Elle trouva moyen de lui parler secrètement et lui dit :

— Le seigneur qui m'a enlevée ne quitte jamais la tabatière magique, et tous les soirs en se couchant, il la met sous son oreiller, de sorte qu'il est malaisé de la prendre sans l'éveiller. Il faut que l'aigle aille trouver le mari de ta troisième sœur qui commande aux rats et aux souris, afin qu'il ordonne à quelques-uns de ses sujets de venir ici. Quand le seigneur ronflera, une petite souris ira lui fourrer la queue dans sa bouche entr'ouverte ;

alors il toussera, et pendant qu'il sera sur son séant, tu pourras rentrer en possession de la tabatière.

L'aigle se hâta d'aller au pays des rats et des souris, et il ne tarda pas à revenir, apportant sur son dos une petite souris qui avait la mine fine comme tout, et un gros rat à longue queue. La nuit suivante, dès que le seigneur, qui avant de se coucher avait placé sous son oreiller la tabatière magique, se mit à ronfler, la petite souris lui fourra sa queue dans la bouche ; mais elle n'était pas assez

longue et, sans se réveiller, l'homme la lui serra si fort qu'elle crut qu'il la lui avait écourtée; elle se mit à *cuiter*, et il desserra les dents : aussitôt elle courut raconter à la femme du pêcheur qu'elle n'avait pu réussir parce que sa queue était trop courte. Alors la dame ordonna au gros rat d'essayer à son tour; il prit si bien ses mesures qu'il fourra sa queue jusque dans la gorge du seigneur. Celui-ci s'éveilla en sursaut, à moitié étranglé, et il se mit sur son séant, toussant et crachant comme s'il était prêt à rendre l'âme.

Pendant ce temps, le pêcheur qui était caché auprès du lit, avait passé la main sous l'oreiller et s'était saisi de la tabatière. Il l'ouvrit aussitôt et entendit une petite voix qui lui disait :

— Maître, qu'y a-t-il pour votre service ?

— Je voudrais, répondit le pêcheur, que mon château soit de nouveau transporté dans le jardin de mon beau-père, à la place où il se trouvait avant que ce scélérat m'eût enlevé ma tabatière.

A l'instant il sentit que le château était soulevé et transporté dans les airs; il le vit passer au-dessus des vastes mers et des grandes forêts qu'il traversait en un clin d'œil, et bientôt il fut posé immobile dans le jardin du roi, en face de son palais.

Le roi, qui s'éveillait en ce moment, se mit à la fenêtre et revoyant le château suspendu par quatre chaînes d'or entre le ciel et la terre, il se frotta les yeux, croyant qu'il avait la berlue; mais il vit venir son gendre et sa fille qui l'embrassèrent et lui racontèrent ce qui était arrivé.

Il en fut bien joyeux, et pour punir celui qui s'était emparé de la tabatière magique, il le fit écarteler par quatre chevaux. Il y eut de grandes réjouissances pour célébrer le retour de la princesse, et le pêcheur vécut heureux avec elle; mais il avait soin, de peur d'un nouvel accident, de porter toujours avec lui la tabatière enchantée.

Conté, en 1881, par Elie Ménard, de Plévenon.

Tiens, lui dit-elle, voici une baguette. (Page 233.)

LA PRINCESSE AUX PÊCHES

Au temps des contes d'autrefois, vivait un roi qui n'avait qu'une fille : à la naissance de la princesse, une fée prédit qu'elle aurait pour mari un homme qui lui apporterait un panier de pêches, les plus belles qui fussent dans le royaume. Dès son enfance la fille du roi se fit remarquer par un goût prononcé pour ce fruit, qu'elle préférait à tous les autres.

Quand elle fut en âge de se marier, le roi fit publier partout qu'il donnerait sa fille en mariage à celui qui apporterait la plus belle pannerée de pêches, et qui accomplirait ensuite trois épreuves difficiles.

Non loin du château se trouvait une grande ferme dont le jardin contenait des pêches des plus belles espèces et à vingt lieues à la ronde il n'y en avait pas de mieux soignées.

Quand le seigneur auquel appartenait la ferme eut connaissance de la promesse du roi, il ordonna qu'on lui cueillît un panier des pêches les plus veloutées, les mieux en point et les plus appétissantes; il prit soin lui-même de les envelopper dans des feuilles de vigne pour les préserver de tout ce qui aurait pu les meurtrir et altérer leur beauté.

Comme il se rendait au château du roi, vêtu de ses habits du di-

manche et le panier au bras, il rencontra sur sa route une vieille femme habillée comme une mendiante, qui lui dit :

— Que portez-vous avec tant de précautions, mon beau seigneur?

— Des cornes, la vieille, répondit le noble d'un ton arrogant.

— Ainsi soit-il, dit la bonne femme.

Le seigneur arriva au palais, et fut introduit en présence du roi auquel il fit, en lui offrant son présent, une gracieuse révérence. Il souriait complaisamment en se regardant dans une glace, et il pensait que le roi allait le complimenter. Mais quand on ouvrit le panier, au lieu d'y trouver des pêches appétissantes et fraîches, on y vit des cornes de bouc qui sentaient si mauvais que chacun se bouchait le nez. Le roi crut que le seigneur avait voulu se moquer de lui, et il le chassa de sa cour avec défense de jamais y reparaître.

Le lendemain, le fils de la fermière se mit en route à son tour après avoir cueilli d'autres pêches qui avaient mûri dans la nuit ; sur le bord du chemin il rencontra aussi la vieille femme qui lui demanda :

— Qu'y a-t-il dans votre panier, mon joli garçon ?

— Des crottes de brebis, répondit-il insolemment.

— Ainsi soit comme vous l'avez dit.

Quand le gars ouvrit son panier pour montrer ses pêches au roi, il ne contenait plus que des crottes de brebis, et le prince, encore plus fâché que la veille, ordonna à ses domestiques de mettre à la porte ce mal appris, et de le traiter de manière à lui ôter l'envie de jouer de pareils tours à son seigneur. Le jeune homme revint à la ferme tout penaud et les épaules meurtries des coups qu'il avait reçus, car les gens du roi n'y allaient pas de main morte.

Il y avait à la ferme un petit garçon qui gardait les vaches, et dont chacun se moquait parce qu'il n'avait point de défense, et qu'on

le croyait innocent. Il vint demander à la fermière la permission de cueillir des pêches : mais elle partit d'un grand éclat de rire dès qu'elle l'entendit parler.

— Ah! dit-elle, voici le restant de mon écu; je pense que ce garçon est fou de vouloir prétendre à la fille du roi, alors que son seigneur et mon gars n'ont pu y réussir.

Laissez-moi tenter l'aventure, ma bourgeoise, répartit le berger : j'ai comme une idée que cela ne tournera point aussi mal que vous le croyez.

— Eh bien! j'y consens, mais si tu es maltraité, personne ne te plaindra, car tu as été averti.

Le pâtour cueillit des pêches qu'il choisit une à une, leur fit un matelas de mousse et de feuilles pour empêcher qu'elles fussent meurtries, et vêtu de ses habits des dimanches, il se mit en route son panier au bras, en marchant d'un pas posé.

La vieille mendiante vint aussi lui demander ce qu'il avait dans son panier pour le porter comme un Saint-Sacrement.

— Des pêches, ma bonne femme : elles sont pour la fille du roi, mais comme j'en ai plusieurs douzaines, si vous avez envie d'en manger, je vous en donnerai quelques-unes avec plaisir.

— Tu es bien honnête, mon garçon ; j'accepte, et comme tu t'es montré bienveillant à l'égard d'une pauvre vieille chercheuse de pain, je vais te faire à mon tour un présent. Voici une petite baguette blanche qui te procurera ce que tu désireras ; mais prends bien garde à tes souhaits, car son pouvoir est limité et tu ne pourras t'en servir que trois fois. Va, et si tu sais te conduire, tu épouseras la fille du roi.

Avant de quitter la bonne femme, le jeune gars la remercia de sa bonté, puis, continuant sa route, il arriva au palais du roi. Quand celui-ci vit venir ce jeune pâtour qui n'était pas des mieux habillés, il crut avoir affaire comme les jours précédents à un mauvais plaisant, et il refusa d'abord de l'admettre en sa présence ; mais on lui dit que le jeune gars avait l'air doux et poli, et il ordonna de l'introduire, en jurant que s'il avait l'audace de lui jouer une farce, il l'en ferait repentir pendant toute sa vie. Mais quand il eut soulevé le couvercle du panier, il aperçut les pêches les plus belles qu'il eût encore vues.

Il était si content qu'il appela la princesse pour les lui montrer : elle était faite au tour, et le berger la regardait avec admiration, et ne pouvait en détacher ses yeux.

Le roi, qui remarqua les regards du jeune garçon, lui dit :

— Je vois que ma fille te plaît ; tu as apporté des pêches superbes,

et je ne pense pas qu'il y en ait au monde de plus belles ; mais il te reste à accomplir les épreuves que je t'indiquerai, et qui me feront voir si c'est toi que les fées ont destiné à devenir mon gendre.

Pour aujourd'hui il faut que tu te procures une charrette qui n'ait point été fabriquée par un charron ; tu y attelleras des chevaux qui n'auront jamais mangé d'herbe ; et tu m'amèneras les hommes qui se rencontreront sur ta route avant le coucher du soleil. »

*
* *

Le pâtour sortit après avoir salué respectueusement le roi et jeté un regard à la princesse; quand il fut un peu éloigné du château il frappa avec sa baguette sur le bois d'un échalier en souhaitant qu'il fût transformé en une charrette légère, ce qui s'accomplit à la minute. Il aperçut dans le haut d'un châtaignier deux écureuils qui grignottaient des châtaignes; il donna deux coups sur le tronc de l'arbre et désira deux chevaux avec leur harnais et tout ce qu'il fallait pour les conduire. Les deux écureuils descendirent et, quand ils arrivèrent auprès de la charrette, c'étaient deux beaux chevaux roux bien harnachés, et il se hâta de les atteler.

Il monta dans la charrette que les chevaux se mirent à traîner d'un pas rapide, sans qu'il eût besoin de se servir du fouet, car ils obéissaient à la voix.

Le premier homme qu'il rencontra essayait de changer de place une église qu'il trouvait trop rapprochée d'une bouse de vache; il suait à grosses gouttes, mais il était déjà parvenu à déranger l'énorme édifice. Le jeune gars l'invita poliment à monter dans sa charrette, et il accepta son offre sans se faire prier.

Un peu plus loin, le pâtour vit un homme couché par terre, et qui approchait l'oreille du sol comme pour écouter.

— Que fais-tu là? lui demanda-t-il.

— J'entends l'avoine qui lève.

— Viens avec moi.

L'homme sauta lestement dans la charrette, et le jeune gars,

continuant son voyage, aperçut un autre homme qui se gonflait les joues et soufflait comme on fait quand on trouve la soupe trop chaude :

— Pourquoi souffles-tu ainsi, l'ami?

— C'est pour faire tourner les ailes du moulin de mon meunier qui est à sept lieues d'ici.

— Viens avec nous, lui dit-il.

Le souffleur accepta de prendre place à côté des autres. Comme on arrivait à une côte rapide, le jeune garçon laissa ses chevaux la monter au pas; il vit un homme qui crachait par terre, et son crachat se transformait en verglas, puis un autre voyageur qui portait sur son dos un bissac dont l'une des poches enfermait la nuit et l'autre le jour; tous les deux consentirent à monter dans la char-

rette, et le bignet se disait avec joie que les talents divers de tous ces gens pourraient lui être d'un grand secours si le roi lui imposait quelque nouvelle épreuve.

Il rencontra enfin un guerrier dont le sabre pouvait trancher à sept lieues de distance; il l'invita à se joindre à ceux qui étaient déjà dans la charrette, et, comme à ce moment le soleil allait se coucher, il fit reprendre à son attelage le chemin du château, où, dès son arrivée, il présenta au roi les gens qu'il avait recueillis sur la route.

— C'est bien, dit le prince, je suis content de toi : demain tu auras encore autre chose à faire. J'enverrai à une ville éloignée d'ici des pigeons, en donnant l'ordre de les faire repartir dès leur arrivée; un peu plus tard, je lâcherai une seconde volée de pigeons qui iront au même endroit, et il faudra, pour que je te tienne quitte de cette seconde épreuve, que les derniers partis soient ici les premiers.

Le lendemain, dès qu'il fut jour, le bignet se mit en route avec sa charrette où montèrent les gens qu'il avait recueillis la veille. Bientôt, il vit passer au-dessus de sa tête les pigeons que le roi avait lâchés; un peu après, la seconde bande traversa les airs.

Quand elle fut hors de vue, il ordonna à celui qui entendait l'avoine lever, de se coucher par terre, et de lui dire si les oiseaux étaient en route pour revenir.

L'homme écouta quelque temps, puis il dit :

— Ils sont partis et j'entends le bruit de leurs ailes : la première bande a trois lieues d'avance sur la seconde.

Alors le jeune gars commanda à celui dont le souffle faisait tourner les moulins, d'enfler sa bouche et de souffler : le premier volier de pigeons fut repoussé à quatre lieues en arrière, et ceux qui étaient partis les derniers, ayant alors sur les autres une avance d'une lieue, furent les premiers arrivés au pigeonnier du château.

Le roi félicita le berger de son nouveau succès, et lui indiqua la troisième épreuve.

— Demain, dit-il, une bataille se livrera dans une grande plaine, entre mes troupes et celles de mes ennemis qui sont bien supérieurs

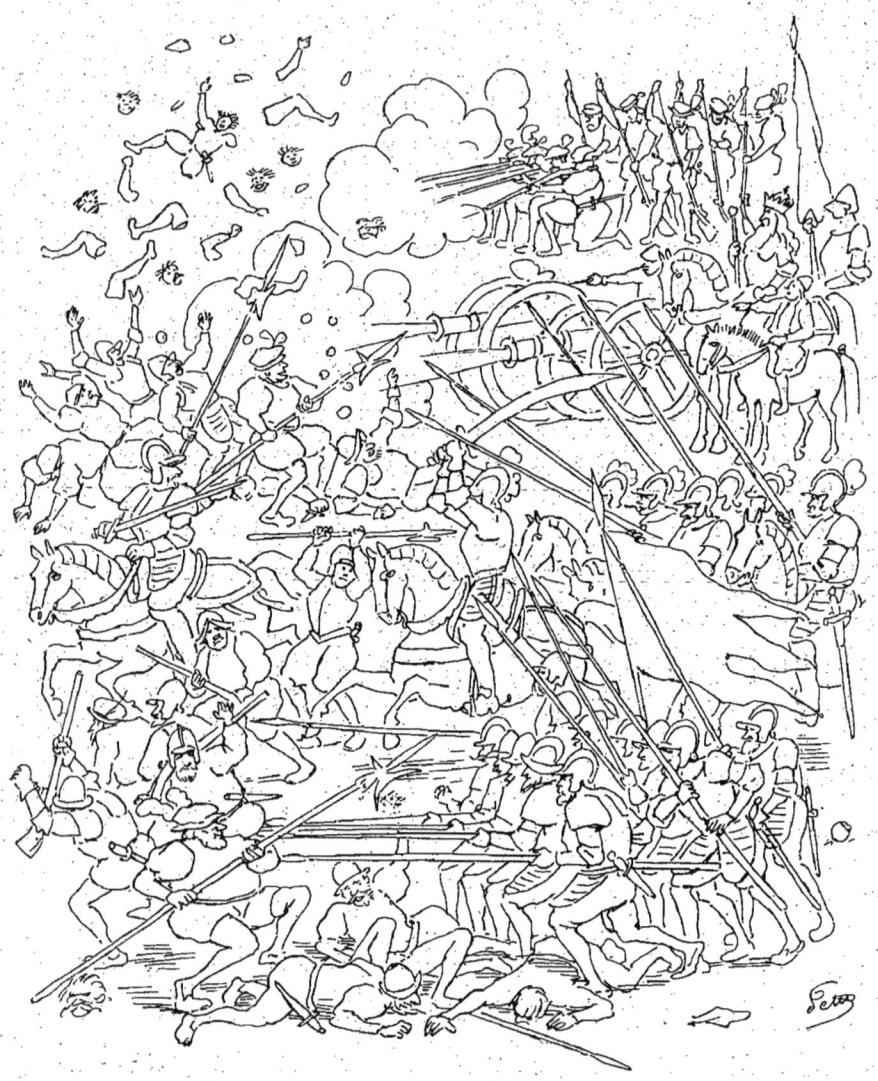

en force : il faudra que grâce à toi mon armée soit victorieuse.

Dès que parurent les premières lueurs du jour, l'amoureux de la princesse attela sa charrette, et, accompagné de ses gens, arriva sur le champ de bataille, au moment où les deux armées se rangeaient pour engager le combat.

Par son ordre, celui dont le crachat produisait du verglas se mit à cracher sur le terrain qui se trouvait devant la cavalerie ennemie, et il le rendit si glissant que les chevaux tombaient pêle-mêle par terre et ne pouvaient avancer.

L'homme au bissac fit sortir la nuit qu'il tenait enfermée dans un des côtés de sa besace et enveloppa les ennemis d'une obscurité si profonde que c'est à peine s'ils apercevaient la pointe de leurs lances ; l'armée du roi était en pleine lumière, et le guerrier dont l'épée tranchait à sept lieues de distance coupait les ennemis par le milieu du corps, faisait voler les têtes et les bras, et en peu d'instants la grande armée des adversaires du roi fut détruite.

Quand le pâtour vit que cette troisième épreuve était accomplie, il commanda à sa baguette de lui donner le costume et l'air d'un seigneur. Il se hâta de revenir au château du roi, et il avait si bonne mine que la princesse le trouva fort à son goût et ne fit aucune difficulté de l'épouser.

Il y eut de grandes noces à l'occasion de ce mariage : peu après le roi mourut, et son gendre qui lui succéda régna heureusement pendant de longues années, au grand contentement de ses sujets.

Conté en 1878, par Jean Bouchery, de Dourdain.

Le joli petit oiseau, dit-il. (Page 243.)

POINT-DU-JOUR

Il était une fois un veuvier (1) qui avait trois enfants : deux filles et un petit garçon ; il aimait bien ses deux filles, leur donnait de beaux habits et tout ce qu'il leur plaisait ; mais souvent il frappait le petit garçon qui se nommait Point-du-Jour et parfois il l'envoyait se coucher sans souper ; ses sœurs ne le traitaient pas mieux, et il

avait beau faire toute la besogne de la maison, il ne recevait que des coups de pied pour récompense.

Un jour il se dit :

— Je ne saurais être plus malheureux que je ne le suis, je veux aller chercher des aventures.

Le voilà parti ; il marcha toute la journée, et, quand arriva le soir,

(1) Veuf.

il se trouvait dans une forêt; mais il s'éleva un orage terrible, la pluie tombait à torrents, le vent soufflait, un éclair n'attendait pas l'autre ; il se cacha dans le creux d'un rocher, mourant de peur. Le vent était si violent qu'il déracinait les arbres ; il y en eut un qui tomba auprès de lui, et un nid de fauvettes, qui était construit sur une branche, roula par terre avec les petits qui étaient dedans et n'avaient pas encore de plumes ; le père et la mère volaient autour d'eux en poussant de petits cris, et ils essayaient en vain de leur porter secours.

Point-du-Jour en eut pitié et se dit :

— Voilà de pauvres petits oisillons qui sont perdus s'ils restent par terre ; leurs parents les abandonneront, et ils seront mangés par les éperviers.

Il sortit de son rocher, et, avec un peu de ficelle qu'il avait dans sa poche, il refit le nid de son mieux, puis il ramassa les petits, les essuya et les mit tout doucement dans leur nid. Les deux fauvettes étaient si contentes, qu'en signe de joie, elles venaient se frotter contre sa figure comme si elles avaient voulu l'embrasser. Il monta dans un arbre et plaça le nid entre deux branches où il était bien caché.

La fauvette lui dit :

— Mon pauvre petit Point-du-Jour, tu as vraiment bon cœur ; sans toi mes oisillons seraient morts ou auraient été mangés par les éperviers ; prends une des plumes de ma queue et ramasse-la, tu verras qu'elle te portera chance.

Point-du-Jour arracha une des plumes de la fauvette, et la ramassa soigneusement, puis il se remit en route. Au bout de quelque temps, il vit un lézard qui était sous une pierre, et qui faisait tous ses efforts

pour s'en retirer ; auprès de lui un autre lézard allait et venait et essayait aussi de le dégager.

— Ah ! pauvre bête, dit Point-du-Jour, comme tu souffres !

Il ôta la pierre qui l'écrasait ; mais le lézard ne pouvait se traîner, Point-du-Jour avait une petite bouteille d'eau-de-vie : il en mit une goutte dans la bouche du lézard qui aussitôt commença à marcher.

— Au revoir, Point-du-Jour, lui dit-il, ton bon cœur sera récompensé.

*
* *

Voilà Point-du-Jour qui partit à l'aventure ; quand il eut cheminé toute la journée, il monta dans un arbre pour tâcher de découvrir un endroit où passer la nuit ; il aperçut une lumière, et se mit à marcher de ce côté. Il arriva auprès d'une maison, et frappa à la porte.

— Qui est là ? lui dit une voix.

— C'est un pauvre petit malheureux qui ne sait où coucher ; ma bonne mère, ayez le bon cœur de me loger.

Il leva les yeux sur la femme qui était venue lui ouvrir : elle était hideuse à voir, ses yeux étaient de travers, et elle avait des dents longues comme la main.

— Mon pauvre petit gars, lui dit-elle, ne restez pas ici ; ceux qui sont entrés dans cette maison n'en sont jamais sortis vivants.

— Tant pis, répondit Point-du-Jour, je ne sais où aller ; autant mourir ici qu'ailleurs.

Elle le fit entrer et le cacha sous un lit. Peu après on entendit un grand bruit, c'était l'ogre qui rentrait et qui cria :

— Je sens la chair fraîche.

— Non, répondit la femme, c'est une tête de veau qui cuit dans la marmite.

— Je sens la chair fraîche, te dis-je ; si tu ne me dis pas ce que c'est, je vais te manger.

— Eh bien ! répondit-elle, j'ai ramassé un petit garçon qui est venu demander à coucher ; il est mignon comme tout, mais si maigre, si maigre qu'avant de le manger, il faudra le mettre à engraisser. Il est caché sous le lit.

L'ogre se baissa et prit Point-du-Jour dans le creux de sa main :

— Le joli petit oiseau, dit-il; il a des plumes dorées sur la tête (c'étaient les cheveux blonds du petit gars).

Point-du-Jour se mit à crier, car il avait peur.

— Chante-t-il bien ! dit l'ogre ; j'en ferai tout de même une gibelotte.

Pour le mieux écouter, il l'approcha de son oreille ; elle était si grande que Point-du-Jour crut voir la gueule d'un puits.

L'ogre le posa sur un lit, et lui dit :

— Dors bien, petit oiseau.

Et pour l'engraisser il ordonna à sa servante de lui donner de la nourriture autant qu'il voudrait.

Le huitième jour il devait être mangé ; le matin il était couché, et il pleurait en pensant qu'avant la fin de la journée il allait être dévoré. Un lézard vint lui chatouiller l'oreille et lui dit :

— Te souviens-tu du jour où tu m'as retiré de dessous la pierre qui m'écrasait ?

— Oui, répondit Point-du-Jour.

— Eh bien, dit le lézard ; si tu veux me croire, tu seras délivré. L'ogre va te prendre dans sa main, et te porter auprès de son puits merveilleux ; car c'est là qu'il lave ceux qu'il mange après les avoir saignés ; tu y jetteras la plume de l'oiseau, et tu lui diras : « Laissez-moi, avant de mourir, regarder votre merveilleux puits. » Il y consentira ; tu te laisseras choir dedans, et, quand tu auras touché le fond, tu te trouveras dans un monde nouveau.

L'ogre vint prendre Point-du-Jour, et le porta auprès du puits ; alors le petit gars lui cria :

— Avant de mourir, permettez-moi de regarder votre merveilleux puits.

— Tu as raison, Point-du-Jour, répondit l'ogre ; tu es malin ; je n'avais pas pensé à te le montrer ; viens voir mon merveilleux puits; c'est avec son eau que tu seras lavé quand je t'aurai saigné et écorché.

Il posa Point-du-Jour sur le bord ; mais Point-du-Jour s'y laissa tomber ; il alla jusqu'au fond, et, quand il y fut arrivé, il se trouva dans un monde nouveau, où il y avait de belles prairies, des montagnes et des villages.

L'ogre était en colère, et il s'écriait :

— Il faut que j'aie quelque ennemi qui ait conté cela à Point-du-Jour ; sur soixante-dix hommes que j'ai attrapés, voici le seul qui m'échappe. C'est toi, cria-t-il à sa servante, qui le lui as dit ! Je vais te manger à sa place.

Et il lui montrait les dents en criant qu'il allait la dévorer ; mais je pense qu'il ne le fit pas, parce qu'elle était trop vieille et trop vilaine.

⁎
⁎ ⁎

Point-du-Jour errait à l'aventure ; il ne savait pas trop où il se trouvait, mais il lui semblait qu'il n'était pas loin de l'endroit où demeuraient ses parents. Il vit venir un lézard qui lui dit :

— Te rappelles-tu que je t'ai délivré de l'ogre parce que tu m'avais tiré de sous la pierre qui m'écrasait ? Voici encore une petite boîte ; il ne faudra pas l'ouvrir avant d'être chez toi ; c'est du bonbon qu'il y a dedans.

A peine se fut-il remis en route qu'il vit une fauvette qui volait auprès de lui :

— Te souviens-tu, lui dit-elle, du jour où tu as ramassé mes petits qui étaient tombés par terre ?

— Oui, répondit-il.

— Voici un œuf que je te donne ; quand tu auras besoin de vêtements, tu n'auras qu'à le casser, tu y trouveras la plus belle toilette que tu aies jamais vue.

Un peu plus loin il vit une colombe blanche.

— Point-du-Jour, lui dit-elle, tu as tiré de peine un lézard et des fauvettes.

— Oui, répondit-il.

— C'étaient mes sœurs ; pour te récompenser, voici un petit talisman ; tout ce que tu lui demanderas te sera accordé.

Point-du-Jour remercia la colombe et se remit en route ; il arriva à la maison de son père. Quand ses deux sœurs le virent, elles s'écrièrent :

— Ah ! voici ce petit propre à rien qui revient ; est-ce qu'il n'aurait pas mieux fait de rester où il était, puisqu'il s'était sauvé ?

Elles se mirent à le frapper, et il leur disait :

— Laissez-moi tranquille, mes sœurs, j'ai faim.

— Est-ce que tu n'as pas trouvé à manger dans ta tournée? lui répondirent-elles en continuant de le battre.

— Tenez, leur dit-il, voici une petite boîte qu'on m'a donnée ; je vous en fais cadeau, à condition que vous ne me battrez plus et que vous me couperez un morceau de pain.

Elles ouvrirent la petite boîte ; mais il en sortit de gros crapauds

qui sautaient autour des méchantes sœurs et ouvraient la gueule pour les manger.

Elles supplièrent Point-du-Jour de les faire rentrer dans la boîte ; mais, quand ils y furent, elles se mirent à le frapper de plus belle.

— Coquin, lui disaient-elles, c'est toi qui as été chercher ces vilains crapauds pour nous faire peur.

— Tenez, leur dit-il en montrant l'œuf, voici un œuf qui m'a été donné, et qui contient, à ce qu'on m'a dit, de belles toilettes, je vous en fais cadeau si voulez être bonnes avec moi.

Elles cassèrent l'œuf ; mais il en sortit un serpent qui s'élançait sur les méchantes sœurs comme pour les dévorer.

Elles le supplièrent encore de faire rentrer le serpent dans l'œuf ; mais, dès qu'il y fut, elles voulaient tuer Point-du-Jour.

Il leur dit :

— Laissez-moi essayer mon talisman.

Il le mit sur la table, et aussitôt elle fut couverte d'or.

Alors les sœurs se mirent à l'embrasser, et elles lui disaient :

— Ah ! mon petit Point-du-Jour, comme tu es gentil !

Peu de temps après les deux méchantes sœurs moururent : Point-du-Jour resta seul, et vécut toujours heureux.

Et ni, ni,
Mon petit conte est fini.

Conté en 1880 par Joseph Macé, de Saint-Cast, mousse, âgé de 13 ans.

TABLE DES MATIÈRES

L'Oiseau bleu.	3
La Belle aux clés d'or	19
Jean sans Peur.	35
La Fleur du rocher	53
Le Cordon enchanté.	67
La Houle du Châtelet.	81
Les petites Coudées	96
Le Pilote de Boulogne	109
Jean des Merveilles	121
Norouâs	131
La Chèvre blanche	147
La Sirène de la Fresnaye	163
Le petit roi Jeannot.	173
Le Capitaine Pierre.	185
La Houle de Chelin.	201
Le Château suspendu dans les airs	213
La Princesse aux pêches.	225
Point-du-Jour.	239

6364-82. — Corbeil, typ. et stér. Crété.

www.ingramcontent.com/pod-product-compliance
Lightning Source LLC
Chambersburg PA
CBHW050347170426
43200CB00009BA/1768